U0067498

會說話，
運氣

Good at communication,
Luck will not be too bad

就不會太差

陶然 —— 編著

美國作家安・比爾斯曾經寫道：
**說服是一種催眠術，說服者的意見隱密起來，
變成了論證和誘惑。**

想要打動人心，達成自己的目的，就必須透過有效的說話方式，
將自己的意見、想法滲透到對方的腦子裡。

說話的能力決定一個人擁有多少好運氣，會說話的人，運氣通常不會太差。

這是因為遇到問題之時，他們懂得用「好口氣」面對，
懂得透過說好話的藝術，把「異見」灌輸到對方的心裡，
當然更容易解決問題，也更容易達成自己的目的。

Good at communication,
Luck will not be too bad
|003|

• 出版序 •

學會把話說進對方的心窩裡

> 期望無往而不利，少不了得培養自己的口才。不能僅僅是說話，而是要把話說到聆聽者的心坎裡去！

美國作家安・比爾斯曾經寫道：「說服是一種催眠術，說服者的意見隱密起來，變成了論證和誘惑。」

的確，想要打動人心，達成自己的目的，就必須透過有效的說話方式，將自己的意見、想法滲透到對方的腦子裡。

巧妙的說話方式、優雅的肢體語言，恰到好處的幽默語言……這些都是想打動人心之時必須具備的說話藝術。

想成功說服別人，在溝通的過程中，如何把話說到別人的心窩裡，絕對是必修的一門學分。

人際關係專家畢傑曾說：「如果你想把話說到別人的心坎裡，就必須知道如何利用別人最喜歡聽的話，間接傳達你想要傳達的意思。」

的確，同樣的一件事，用不同的兩種話來表達，最後的結果往往大相逕庭。

如果你可以在事前就知道你想要傳達的人喜歡聽什麼話，然後再用他喜歡聽的話間接傳達你的意見，那麼，對方欣然接受的程度肯定會高出許多。

繁忙的人際交往中，人與人之間的溝通對話不可避免。

一個會說話的人，每一句話都能打動人們的心弦，好像具有一種不可知的魔力，操縱著人們的情緒。他的一舉手一投足，嘴裡發出來的一言一語，彷彿都能影響到周圍空氣的鬆弛與緊張。

這種感染的力量是什麼？

就是口才。

和別人接觸的時候，有四件事情容易被人用來當作標準，評定我們的價值，那就是我們做的、我們的面貌、我們說的話，以及我們如何說話。

可惜，許多人為了種種瑣事的繁忙，忘記最重大的事，缺少時間研究他們的「辭藻」，甚至不肯花一分鐘的時間思考如何充實自己的辭句、如何增加辭句的意義，如何使講話準確清晰。

有些人以為，只要有才幹，即使沒有口才，也可以達到成功的目的。

這種觀念並不完全正確，有才幹並且有口才的人，成功希望才更大。因為一個人的才幹，完全可以從言語談吐之間充分地表露出來，使對方更進一步地瞭解，並且信任。

美國費城的大街上，曾躑躅著一個無業的英國青年，不論是清晨或夜晚，總是引人注目地經過那裡。

據他自己說，他想尋找一份工作。

有一天，他突然闖進了該城著名的巨賈鮑爾・吉勃斯的辦公室，請求主人犧牲一分鐘時間接見他，容許他講一兩句話。

這位陌生怪客使吉勃斯感到驚奇，因為他的外表太引人注目了，衣服已很破舊，全身流露出極度窮困的窘態，可精神倒是非常飽滿。也許是出於好奇，或者是憐憫，吉勃斯同意與這人一談。

想不到的是，他起初原想談一兩句話就好，然而一談起來，不是一兩句，也不是一二十分鐘，直到一個小時以後，談話仍沒有結束。

接下來，吉勃斯立即打電話給狄諾公司的費城經理泰勒先生，再由這位著名的金融家邀請這位陌生怪客共進午餐，並給了他一個極優越的職務。

一個窮困落魄的青年，何以能在半天之內，獲得如此美滿的結果？

他的成功秘訣，就在於極吸引人的口才。

口才，是生活中應用最普遍也最難能可貴的說話技術。然而，與你交談的對象當中，有幾個長於口才？在日常的談話中，在大庭廣眾的集會中，你遇到

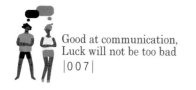

過多少使你滿意的談話對象？曾有多少人，能夠把話說到你的心裡去？恐怕都是屈指可數吧！

不論是面對家庭，還是職場，甚至是整個社會，期望無往而不利，少不了得培養自己的口才，強化自身的說話能力。

不能僅僅是說話，而是要把話說到聆聽者的心坎裡去！

口才是現代社會必備的競爭資本，也是增強人際關係的要素，懂得把話說得更巧妙，懂得把意見滲透到別人心裡，更是商業社會的成功之道。

很多人失敗，並不是敗於實力不濟，而是不知道運用「語言」這項利器。

唯有細心研讀並靈活應用語言的魅力，具備良好的說話能力，才能增進自己的各項能力，在商業社會遊刃有餘。

PART 1 想創造運氣，先釋出善意

不妨這麼告訴自己：為了成為一個會說話的人，為了達成合乎情理的目的，「投其所好」沒有什麼不可以。

先讚美，然後再責備

先表示讚揚，用讚美的話語當中和劑，令對方反駁不是，發怒也不是，再有理有據地批評，更能令人心悅誠服地接受。

恰如其分地讚美別人

要恰到好處地讚美別人不是一件容易的事，但如果稱讚得體，就能博取對方歡心，快速拉近彼此之間的距離。

PART4

尊重，讓彼此更容易溝通

凡是善於談話的人，必定會小心翼翼斟酌的說話方法，不使溝通陷入僵局。只要談話之門沒有關上，就永遠不愁無話可說。

說話繞個彎，更討人喜歡

PART 6 言語溫和勝過尖銳指責

人際相處，不可避免會有一些不愉快的事情發生，面對這種情況，要少些批評、多些理解，讓自己的溝通能力更上一層樓。

說話能力決定你的競爭力

> 與其說推銷語言是一門技術，倒不如說是一種藝術，因為一句話可以讓人跳，也可讓人笑。

PART 8

口氣決定你的運氣

興趣是談話的潤滑劑，風趣幽默是銷售的調味料。冗長而無趣的銷售、說明是很煩人的，如不能適時來一點「噱頭」，客戶就會昏昏欲睡。

想創造運氣，
先釋出善意

想要創造運氣，就該主動釋出善意，去喜歡、
關心、了解他人，而不是只將眼光放在對方的
缺陷上。

適度讚美，讓說出的言語更美

若在讚美別人時，不審時度勢，不能掌握一定的技巧，即便是真誠的讚美，也可能產生負面效果。

國際知名成功學大師拿破崙・希爾曾說：「首先要引起別人的渴望，凡是能夠這麼做的人，必定擁有良好的人際關係，可以獲得更多幫助。」

什麼最能引起別人的渴望呢？

答案當然是讚美的話語。只要是人，都喜歡聽好聽的話，想和別人進行有效的溝通，就必須留意說話的語氣，用最動聽的話語表達自己的意思。

正因為如此，生活中，我們經常需要稱讚別人。

真誠的讚美，於人於己都有重要意義。對別人來說，他的優點和長處，因

你的讚美顯得更有光彩；對自己來說，表明你有開朗的胸懷，並已被他人的優點和長處所吸引。

美國心理學家威廉・詹姆斯說：「人類本性上最深的企圖之一，是期望被讚美、欽佩、尊重。」

確實如此，渴望受讚揚是每一個人內心的基本願望。

在現代人際交往中，讚揚他人已成為一門獨立的學問，能否掌握並妥善運用，使符合時代的要求，是衡量現代人的素質的一項標準，也是衡量個人交際能力高低的重要標誌。

當教師的人都明白：對落後的學生，過多的處罰和批評往往無濟於事。這些學生乍看簡直一無是處，但只要你能找到一個優點，予以大力讚揚，他就會產生上進心，逐漸往好的方向發展。

由於小小的誤會或久未接觸，人與人之間難免產生隔閡。消除隔閡的最有效方法，就是恰到好處地讚揚對方，融洽彼此瀕臨破裂危機的關係和感情。

讚美是件好事情，但並不是一件簡單的事。若在讚美別人時，不審時度勢，不能掌握一定的技巧，即便是真誠的讚美，也可能產生負面效果。

讚美時，應遵守以下準則：

● **實事求是，措詞適當**

讚語出口前，先要考量一下，這個讚美有沒有事實根據？對方聽了是否會相信？第三者聽了是否不以為然？

一旦出現異議，你又沒有足夠的證據來證明自己的讚美站得住腳，就會弄巧成拙。所以，讚美必須在事實基礎上進行。

不僅如此，措詞也要講究適當。

例如，一位母親讚美孩子：「你是一個好孩子，有了你，我感到很欣慰。」這種話就很有分寸，不會使孩子驕傲。

但如這位母親說：「你真是一個天才，我所看過的小孩中，沒有一個趕得上你的。」那會因為過度誇大，養成孩子驕傲的性格。

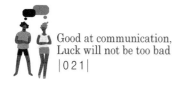

● 借用第三者的口吻讚美他人

有時，我們為了博得他人好感，會讚美對方一番。但若由自己說出「您看來真是年輕」這類的話，不免有恭維、奉承之嫌。與其如此，不如換個方式，向對方說：「怪不得大家都這麼稱讚，您看來真是年輕又漂亮。」

借用他人的口來讚美，更能得到對方的好感與信任。

● 間接地讚美他人

有時，當面讚揚一個人，反而會使他感到虛假，或者會疑心你不是誠心的。這種時候，間接讚美的效果更好。

無論將間接讚美用在大眾場合，或個別場合，只要能傳達到本人耳裡，都是有效的。除了能達到讚揚鼓舞作用，還能使對方感到你的真誠。

● 讚揚須熱情具體

經常可以看到,有人在稱讚別人時,表現出來的態度卻漫不經心。

「你這篇文章寫得蠻好的」、「這件衣服很好看」、「你的歌唱得不錯」,這種缺乏熱情的空洞稱讚並不能使對方感到高興,甚至會由於過度明顯的敷衍而引起反感不滿。

稱讚別人,要盡可能熱情些、具體些。

比如,上述三句稱讚的話,可以分別改成:「這篇文章寫得好,特別是後面一個論點極有新意。」「你這件衣服很好看,剪裁很能襯托你的身材。」「你的歌唱得不錯,高音非常動聽哪!」

● 比較性的讚美

兩個學生各拿著自己畫的一幅畫,請老師評價。老師如果直接對甲說:「你畫得不如他。」乙也許感到得意,但甲心中一定不悅。

當碰上這種狀況,不如運用比較性讚美,對兩人說:「甲的構圖已經相當成熟了,但乙的用色明顯更出色搶眼些。」

這樣一來，乙仍舊很高興，甲也不至於太掃興。

● 把讚美用於鼓勵

用讚美來鼓勵，能激起人的自尊心。而要一個人努力把事情做好，首要條件，正在於激起自尊心。

有些人第一次做某件事情，結果不理想，你應當怎樣說他呢？千萬要告訴自己，不管對方有多大的毛病，還是該給予肯定，說：「第一次有這樣的成績，已經不錯了。」

對那些第一次登台、第一次參加比賽、第一次寫文章投稿、第一次做某件事情的人，這種讚揚，會讓他深刻地記一輩子。

● 讚揚要適度

適度的讚揚，會使人心情舒暢，否則使人難堪、反感，或覺得你在拍馬屁。

因此，合理地把握讚揚的「度」，是一個必須重視的問題。

一般說來，必須做到以下三點：

1. 實事求是，恰如其分。

2. 方式適宜，即針對不同的對象，採取不同的讚揚方式和口吻，以求適應對方。如對年輕人，語氣上可稍誇張些；對德高望重的長者，語氣上應帶有尊重的意味。對思維機敏的人要直接了當，對有疑慮心理的人，要儘量明顯，把話說透。

3. 讚揚的頻率要適當。在一定時間內讚揚他人的次數越多，作用就越小，對同一個人尤其如此。

巧用讚美，讓你的言語更美，也連帶著使形象提高，因此，想要在人際交往中吃香，千萬別吝惜讚美他人。

Good at communication,
Luck will not be too bad
|025|

想創造運氣，先釋出善意

> 想要創造運氣，就該主動釋出善意，去喜歡、關心、了解他人，而不是只將眼光放在對方的缺陷上。

擅長操縱人心的人懂得發揮語言的威力，讓自己無往不利。人性共同的弱點是期望獲得別人讚美、欽佩、尊重，只要適時針對這個特點釋出善意，形成良性互動之後，對方便會不自覺朝你設定好的方向走去。

想想，你上一次讚美他人，是在多久之前？

仔細留意便會發現，日常生活中，在我們身邊，必定有許多人不願輕易開口說出對別人的讚美。

為什麼會這樣呢？探究理由，多不出以下幾種：

1. 剛剛認識某個人，仍感到生疏，對情況還不大了解，怎麼好意思主動對人家表示讚美呢？

2. 與異性交往，更加不好意思讚美，尤其是當男人面對一位年輕漂亮的女郎，儘管覺得對方是個美人，卻擔心從嘴裡吐出的讚美遭到誤解，被認為居心不良，因此還是不說為妙。

3. 關係親近、朝夕相處的人，彼此早已相知，何必還要表示讚揚？既然不懷疑相互的感情和信任，還有必要表示自己的喜愛和讚賞嗎？弄得不好，反倒顯得不自然、尷尬吧！

4. 有的人已經獲得很高的成就，夠幸運、夠得意了，沒必要當面再去稱讚，否則對方豈不是更得意，且更顯得自己更不如他？

5. 對於售貨員、服務員或某位商人，沒有必要表示我們對商品或服務的滿意，因為他們做得再好，也是為了賺我們的錢。做好本分內工作是理所當然的事情，既然自己付了錢，有什麼必要再表示滿意和感謝呢？

6. 對於領導者，更不可隨便表示讚揚。也許上司確實有值得稱讚的地方，可對這種人盡說好話，別人發現了，豈不被當成拍馬屁？

7. 有些人實在太平凡了，甚至還有不少毛病，根本不怎麼樣，就算有可取之處，也不過是些瑣碎、細小的事情，沒有讚揚的價值。

就是因為以上這些想法，讓我們無法把話說得更好，自然也不可能在人際交往中走向最佳狀態。

為什麼許多人會有類似想法？

往更深一層看，我們還可以探究出以下這幾個原因：

1. 對讚揚的意義理解不深，或僅透過庸俗的角度來理解，認為只在有求於人或巴結討好人時才有必要給對方戴高帽子，而自己一向心地坦誠、作風正派，何必要來這一套？

2. 為人拘謹，老實木訥，不僅不好意思對他人表示讚賞，同時也擔心別人會對自己有任何懷疑或不好的看法。特別是在陌生人、異性和領導者面

前，更感到憂心、拘謹，更無法將讚美說出口。

3. 由於心態不良、心理不平衡，懷著嫉妒心或虛榮心，不肯讚揚職務和成就高過自己者，而對不如自己的人又不屑一顧。

4. 只想到自己需要別人的讚揚，而不考慮別人也同樣需要得到自己的讚揚。尤其是抱持自卑心理的人，總會覺得自身人微言輕，即便提出讚揚也無足輕重，不具太大意義。

5. 無法恰當掌握讚揚的語言藝術，或曾經讚揚過別人但收效不佳，因而誤以為讚揚沒什麼價值，甚至還可能適得其反。

總的來說，吝於讚美不出兩方面原因：一是心態不夠積極，一是不懂得交際的奧秘，不會說話。

正如任何一個人都不可能沒有缺點和過錯一樣，人也不可能沒有值得讚賞的優點和長處。心中抱持偏見者，對某人某事常常固執地囿於自己的看法，即使事實證明犯了錯，也不肯輕易改變。

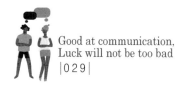

Good at communication,
Luck will not be too bad
|029|

試想，如果你對某個人說：「我一看見你就覺得討厭！滾開！不要讓我見到你！」這不僅不尊重別人，也等同於一種自我封閉和扼殺，使自己變得令人厭煩，沒有任何好處。

想要創造運氣，就該主動釋出善意，去喜歡、關心、了解他人，且做到全面地、實事求是地關心和了解，而不是只將眼光放在對方的缺陷上。

看到蘊含的潛力，而不是只看已經體現出來的價值。能夠抱持這種想法，你就不會認爲他人「實在不怎麼樣」，半點值得讚賞之處也沒有。

最重要的一點，是你能否看出對方的優點，即使相當渺小，也應當拿出「伯樂」的眼光，致力於發現並讚賞。學會讚揚別人，對於提升說話能力與發展人際關係有很大的幫助，極有可能會成爲你的極大優勢。

此外，要建立一個正確觀念：發現別人有什麼優點，就要及時且直接地表示讚揚，不要等事過境遷後才感到遺憾，不要等到對人有所求時才出口，誠心的讚美絕不等同於膚淺的客套恭維。

想提升自己的說話能力，絕不能吝惜讚美。

抓住讚美技巧，收效會更好

> 背後讚揚是一種至高的說話技巧，因為人與人相交，最難得的就是在背後說好話，而非閒言閒語。

毫無疑問，會站在對方角度說話的人比較受歡迎，但是，無論做任何事情、說任何話，都不可以盲目或者過度，必須控制在適當的範圍內，否則，即便是好事、好話，也會產生負面效果。

讚美正是一把雙面刃，能增進人際關係，也能破壞人際關係。期望開口說出的是恰如其分的讚美，可從以下方面要求自己：

● 出於真誠

不真誠的讚揚，必定會給人虛情假意的負面印象，或者被認為懷有某種不良目的，如此一來，受讚揚者非但不會感謝，反而感到討厭。

言過其實的讚揚，不能實事求是，會使接受者感到窘迫，也會降低讚揚者自身的威信。虛情假意的奉承，對人對己都有害無利。

● 不失時機

對朋友、同事身上的特點，要盡可能隨時隨地去發現，抓住時機，積極回饋，即便是一個表情、一個動作、所說的一句話、所做的一件事，都應把它們看在眼裡、記在心裡。

讚美的時機多種多樣，當時、事後、大庭廣眾之下，兩人獨處時都可進行，但一般以當時、當眾讚美的效果最佳。

● 培養「慧眼」

你從對方身上發現的特色、潛能、優勢，最好是其他人都沒有發現，甚至

連當事人自己都不清楚的。

這種讚揚能讓接受者驚喜，瞬間增強自信，更對讚美者產生好感。

● 與對方的好惡相吻合

若某樣特質一向被對方認為是缺點，內心極為厭惡，但卻被你誇獎，必定無法令他接受。試想，如果你讚美朋友像某位電影明星，可他恰好極討厭這位明星的相貌或性格，這樣的讚美會有效果嗎？

答案當然是否定的。

● 找出對方最渴求讚美的特質

各人必定都有各自優越的地方，更有自知優越的地方，固然盼望得到別人公正的評價，但更希望某些特質能得到恭維。

例如女孩子，都喜歡聽到別人誇讚她們外表美麗，但有時候不妨改稱讚她的內涵、智慧！相信這會比其他千篇一律的恭維更令她印象深刻。

Good at communication,
Luck will not be too bad
|033|

● 善用間接恭維

引用他人的評價，對某位朋友、同事過去的事蹟，也就是既成的事實，加以讚美，就達到了「間接恭維」的目的。這證明了你對他的成就、聲譽有所了解，對方不僅會欣然接受你的好意，且將以親切、熱情的態度回應。

● 在背後讚揚

背後讚揚人是一種至高的說話技巧，因為人與人相交，最難得的就是在背後說好話，而非閒言閒語。如果朋友知道你在別人非議他時挺身而出、主持公道，怎麼可能不感激？

● 引其向善

讚美與諂媚、奉承、拍馬屁的一個極大區別，在於當中含有「引其向善」的積極性意義。你若希望對方擁有哪些優點、鞏固哪些優點，就該敏銳地發掘，並及時予以鼓勵。對方的自尊心得到滿足、感受到激勵後，自然會朝你所期望

的方向努力。

● 言語含蓄

過直、過露的讚美，很有可能讓聆聽者感到過分肉麻，反而留下不好的印象，而巧用抽象含蓄的言辭，更有辦法達到使人迷醉的效果，因為語辭本身含有多方面涵義，可做多種解釋，對方會不自覺地往好的方面去想。

● 採用直觀性讚美

面對初相識者，可多使用這種說話方法。

無論是從對方身上的飾物、衣著、裝扮或者其他具體事物切入，具「發現性」的直觀讚美都能讓對方感到輕鬆、自在，從而使交談氣氛活潑起來。

懂得站在對方的角度說話，懂得讚美的人必定受人喜歡。想暢通自己的人際交流管道，千萬別疏忽了讚美的技巧。

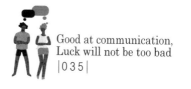
懂得溝通，比較容易成功

言語是人類互相交際、了解、傳達感情、溝通思想的最好工具，不擅於應用者，必定要在交流中吃大虧。

人際溝通作家葛瑞斯曾說：「有時候，會說話的人，不見得比不善於表達的人有能力，但是卻比不善於表達的人，更受到別人的青睞。」

會說話的人，運氣通常不會太差。在這個有能力不一定就能成功的時代，如何與人進行有效的溝通、如何用最精確的話語，將自己的意思表達出來，往往就是一個人是否能夠成功的最重要關鍵。

日常生活中，會說話的人，總可以流利地表達出自己的意圖，也能夠把道

理說得很清楚、動聽，使聆聽者樂意接受。

有時候，還能立刻從問答中測定對方言語的意圖，由談話中得到啟示，增加對現況的了解，從而促進雙方關係的穩固。相比之下，不那麼會說話的人，明顯不能完全地表達出自己的意圖，談話過程中，經常陷入使對方費神又不能表達自我的窘境。簡單來講，就是詞不達意。

說話是為了把自己的意思告訴別人，讓別人明白，從而互相了解。如果說出的話不使人信服，沒辦法激起半點反應，就毫無作用，等於沒說。

你必定會問，如何才能「把話說進別人的心坎裡」呢？

說穿了，秘訣只在一點：知道自己的優劣，也清楚對方的優劣，然後試著站在對方的角度說話，便能應付自如。

說話是要針對人的，見什麼人，說什麼話，斟酌每個人或每件事的情況與需求做調整，不可妄想「一招半式闖江湖」。

是否有過類似的經驗？同樣的要求，對某個人提出，他欣然地接受，但對

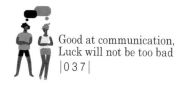

Good at communication,
Luck will not be too bad
|037|

另一個人說，對方不但不能理解，而且還大表反感。這就是無法做到「知己知彼」者最容易犯下的錯誤。

有些時候，我們明明很在意某個人，可是他一點也不知道；我們明明非常關心某個人，卻還經常被對方嫌太過冷淡。

試想，這是多麼使人痛心的事！所以，在成為高明的說話者之前，我們要先注意別人眼中看見的，了解別人心裡究竟在想些什麼。

當面對著一群人說話的時候，不但要顧到全體，還要特別照顧那些不被注意的聽眾，這樣做，不但可以解除眾人不安或不起勁的負面情緒，更可以讓自己說出的話得到熱烈的支持。

不要忘記對別人善意的言語表示感激，讓對方具體地知道你的想法，知道他對你有很大的影響。只要真心誠意，必能把心中真實的感情傳遞出去。

若你本身就是富有同情心的人，一定能警覺地注意自己的言語，不至於在無意中傷害別人，就算不小心失言，也能夠在覺察之後，立刻向對方表示歉意。

並且,在遭受他人無心的言語傷害時,以寬容態度應對。

人都希望自己是快樂的、幽默的,也比較喜歡與這類人相處。快樂是一件極寶貴的東西,無人不需要。由此延伸,我們可以知道,用快樂積極的態度說話,更容易受歡迎,達到目的。

作家惠特尼曾經如此寫道:「說好一句話,有時候比做好一件事更容易獲得別人的重視。」

確實,在這個每個人都喜歡聽好話的時代,說好「話」的確比做好「事」更容易讓你引起別人的注意。因此,如果你想獲得成功,那麼在溝通的過程中,如何把話說到別人的心坎裡,絕對是必修的一門學分。

言語是人類互相交際、了解、傳達感情、溝通思想的最好工具,不擅於應用的人,必定要在交流中吃大虧。

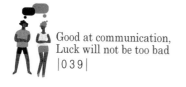
語言質樸，較能令人信服

因為值得信賴，將質樸的言語運用在商場上，往往可以從花言巧語包圍中
掙得一片天，收到比預想更出色的效果。

能夠打動人心的，不見得都是經過設計的言語。有時候，只是簡單的一句
話、一個小動作，便可以帶給別人深刻印象與感受。

不妨看看日本名作家相川浩曾經講過的一則故事：

有一位收款員，是一個倔老頭，挨家挨戶向客戶收款時總面無表情，只生硬
地說出錢數：「您好，上個月的款項是兩千三百元。」

一次，他到某戶人家按門鈴，女主人出來應門，家裡的孩子也跟了出來，抱

著媽媽的大腿，直勾勾地望著他。收款員依然沒有任何表示，接錢、遞收據、離

開，一副公事公辦的模樣，讓這家的女主人相當不高興。

一個秋天的晚上，門鈴響了，女主人猜到一定又是那名陰沉的收款員，老大

不高興地打開了門。來者果然一如預料，但想不到的是他竟主動向門裡瞄了一

眼，接著問：「怎麼了？」

女主人愣在當場，不明白對方指的是什麼，收款員見狀又接著問道：「今天

怎麼沒看見孩子跟出來呢？」

「啊！他有點發燒，已經睡了。」

「原來是這樣，希望他早日康復。啊！本月款項是兩千八百六十元。」

說完，一手遞出收據，一手接過錢，便轉身離開了。

收款員的聲音仍和平時一樣平板無起伏，說出來的話也同樣簡短且「經

濟」，但那句在口裡無心嘟噥的祝福卻讓女主人深受感動，當下認定他必定是一

位大好人，只是不善於表達自己。

現今社會，提供上門服務的商店或企業很多，派出的業務員幾乎個個能言善道、伶牙俐齒。不過，在這位女主人心中，倔老頭收款員平實質樸的話語反倒更令人感動。

這個故事所展現，就是質樸語言的典型特點。

一般來說，語言趨向平實質樸，特點是內容樸素實在、不事雕琢，看不出刻意設計的痕跡，句式結構簡單，也很少使用比喻、暗示、誇張等修辭方式。

由於表達上語氣和緩，聲調變化較少，但內蘊精深，自有魅力，因此也有人稱「零度風格」。

談話若平實質樸，便能在人心中留下坦誠率直、忠厚老成的良好印象。不拐彎抹角，不油腔滑調，老老實實地談出自己的要求和想法，對方會認定你心口如一，值得信賴，自然比較容易接受你的意見或建議。越是平實質樸，越能夠幫助你準確地表達出真心話。

推銷員介紹商品時，特別需要講求語言準確。顧客需要了解商品的真實情況，否則無法做出決定，誇大的言談只會引起反感，「最佳」、「一流」、「超

級」、「獨一無二」之類的形容詞無疑降低了談話的可信度。

用平實、質樸的語言風格陳述事實、講清道理，較能令顧客或對手信服。

平實質樸不等於單調乏味，淺薄粗俗。作為一種語言風格，平實質樸並不意味著有什麼說什麼，想到哪裡說到哪裡，因為那樣講出來的話必定毫無魅力，不僅使人感到味同嚼蠟，甚至還可能粗俗且不堪入耳。

真正的平實質樸，應該是平中見巧、淡中有味，「看似尋常最奇崛」，蘊含著深刻的意味，說出每一句話都經過反覆推敲，字斟句酌，看似平淡，實則並不簡單。因為值得信賴，所以將這樣的言語運用在商場上，往往可以從花言巧語包圍中掙得一片天，收到比預期更出色的效果。

培養受人歡迎的說話態度

如果你對別人表現出刻薄的神情，或者對別人說的話表示冷淡或輕視，對方的談興必定會消失。

法蘭西斯‧培根曾說：「人們常常以為自己正用理性來支配言語，偏偏大部分時候是言語在支配自己的理性。」

確實如此，許多人說話只是因為想說，並未認真思慮話語其實是一種溝通的利器。

說話的能力往往決定一個人擁有多少好運氣，會說話的人，運氣通常不會太差。這是因為他們懂得運用「好口氣」面對各式各樣的人，懂得透過說好話的藝術，把「異見」灌輸到對方的心裡，當然容易達成自己的目的。

與人談話時的態度如何，在一定程度上決定了你是否受人歡迎。能與人和顏悅色交談的人，必定能打動對方的心。

懂得站在對方的角度說話的人比較吃香，這一點無庸置疑，但如何表現才算是良好的談話態度呢？歸納起來有以下五點：

● 表現出興趣

當別人講話時，要注意傾聽。

如果你的眼睛四處張望，或是玩弄著小東西、翻弄報紙書籍，對方就會以為你對他的話沒有興趣，感到掃興。

此外，在人多的時候，你還不能只對其中一兩個熟悉的人表示興趣，而要把注意力分配到所有人身上，對於那些話說得少，或是表情不太自在的人，更要特別留神，找機會關照。

你的注意、你的關心，形同於一種尊重和安慰，正好可以幫助他們從被冷落的窘境中解脫。

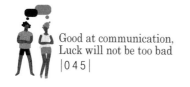
Good at communication,
Luck will not be too bad
|045|

● 表示友善

如果你對別人表現出刻薄的神情，或者對別人說的話表示冷淡或輕視，對方的談興必定會消失。

哪怕你不喜歡聽對方的話，或者不同意他的意見，還是應該表示出基本的尊重與友善，不要只因為一句不得體、不適當的話，就全盤加以否定。

尊重，正是人際關係要獲得良好發展的基礎。一聽到不喜歡的話，立刻表現出自身的不快和不滿，把彼此的關係弄壞、搞僵，導致失去繼續交談、深入了解的機會，不是很可惜嗎？

● 輕鬆、快樂、幽默

真誠、溫暖的微笑，是打開他人心靈的鑰匙。

人的心靈天生對溫度有強烈的感應，遇見抑鬱、冰冷的表情，就會自然地凝結僵硬；遇見歡樂、溫暖的笑容，則相應地柔軟、活潑起來。

真誠、溫暖的微笑，快樂、生動的目光，舒暢、悅耳的聲音，就像明媚的陽光，使一切欣欣向榮，使談話能藉更生動活潑的方式進行下去，讓所有人談笑風生，備感心曠神怡。

至於幽默感，需要慢慢地培養，它是一種興致的混合物。富於幽默的人，常常能使身處的空間充滿歡聲笑語，憑幾句妙語驅散愁雲、消弭敵意，化干戈為玉帛、化凶戾為吉祥。

● 適應別人

跟趣味相投的人在一起就舒服、話多得很，一遇見志趣不投的人就感到彆扭、不想開口。

像這樣任著自己的脾氣去接近別人，真正投機的人就少了。

想要讓自己更受歡迎，就該藉談話多關心別人，重視他們的想法與喜好。

有些人喜歡講大道理、有些人思路較天馬行空、有些人一開口就滔滔不絕、有的人則長於深思、拙於應對，凡此種種，你都該學著自我調節，適度遷就。

碰上滿腹經綸的，讓他盡情地宣洩；守口如瓶的，由他吞吞吐吐；失意的，多給予一些安慰同情；軟弱的，多表達鼓舞和激勵。

凡是會說話的人，一旦發現對方對某一問題表現出特別強烈的興趣，便會讓他在這方面繼續發展，暢所欲言；假如看出對方對某一個問題不想多談，則會及時轉換話題，把談話引到另一個方向，免得引起不快。

● 謙虛有禮

所謂謙虛有禮，絕不是說一些不著邊際的客氣話，而是一方面真誠地尊重對方、關心對方的需要，盡力避免傷害，另一方面嚴格地要求自己，對自身意見與看法抱持「可能有錯」的保留態度，虛心地聽取外界意見，做出適度調整。

和別人談話之時態度的好壞，正是能否成功達到交談目的的重大關鍵，千萬不可不謹慎。

投其所好，談話最有功效

不妨這麼告訴自己：為了成為一個會說話的人，為了達成合乎情理的目的，「投其所好」沒有什麼不可以。

一個會說話的人，必定懂得站在對方的角度，「投」聆聽者「所好」。

「投其所好」常常被看作貶義詞，為人鄙夷，這主要是因為「投其所好」者的目的往往是自私、不可告人的。但是，假如目的光明磊落、合乎情理，「投其所好」又有什麼不可以？

心理學研究證明，情感引導行動。積極的情感，例如喜歡、愉悅、興奮，往往能產生理解、接納、合作的行為效果；而消極的情感，如討厭、憎惡、氣憤等，則會帶來排斥和拒絕。

Good at communication,
Luck will not be too bad
|049|

所以，若想要人們相信你是，並按照你的意見行事，首先要得到人們的喜歡，否則必定失敗。

要使別人對你的態度從排斥、拒絕、漠然處之到產生興趣，並更進一步予以關注，需要最大限度地引導、激發對方的積極情感。

「投其所好」，實際上就是引導激發的過程。這種過程的表達方式多種多樣，經常運用的主要有以下兩點：

• 發現對方的「長處」

要善於讚揚別人，善於從理解的角度真誠地讚美別人，更要培養並展現出洞察力，發現對方美好的一面。

• 尋找對方的「興趣點」

與別人交談時，往往會遇到一種情況：對方並未專心聽你說，而是在做或在想別的事情；或是嘴裡應付著，眼睛卻看向別處；或者是轉移話題，跟你瞎扯……遇到這種情況，你應該儘快放棄目前的話題，尋找他的「興趣點」。

唐代大詩人白居易說過：「動人心者莫先乎情。」

情動之後心動，心動之後理順，而理順之後，事情自然會朝著有利於你的

方向發展。

以下的故事，相信能給你一些啟示。

柯達公司總經理伊斯特曼發明了底片，為自己贏得巨額財富，成為當時世界

上最著名的商人之一。

儘管如此，他仍然像平常人一樣，渴望得到別人的稱讚。

伊斯特曼曾捐造「伊斯特曼音樂學校」和「凱伯恩劇院」，用來紀念他的母

親。紐約某座椅製造公司經理艾特森，想得到承包劇院座椅的訂單，於是鼓起勇

氣和伊斯特曼相約見面。

但由於伊斯特曼的工作極忙，每次訪問佔用的時間不能超過五分鐘，艾特森

能利用的時間相當有限。

他被引進總裁辦公室時，伊斯特曼正埋首於桌上堆積如山的文件中，聽見有

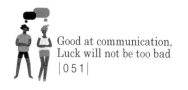

人進來，他抬起頭打招呼：「早安！先生，有什麼事情嗎？」

自我介紹後，艾特森說：「伊斯特曼先生，在外面等著見你的時候，我瀏覽了這裡的環境，感到非常羨慕。假如我有這樣的辦公室，工作情緒一定非常高昂。你知道，我是個平凡的商人，從來不曾見過如此漂亮的辦公室。」

伊斯特曼回答：「你使我想起一件幾乎忘記的事，這房子確實很漂亮，不是嗎？當初剛蓋好的時候我極喜歡它，但是現在，為太多事情心煩忙碌，我甚至連續坐在這裡幾個星期都無暇看它一眼。」

艾特森用手摸了摸壁板，問道：「這是英國橡木做的，是吧？質感和義大利橡木稍有不同。」

伊斯特曼點了點頭，明顯已被挑起興趣，說道：「一點也沒錯，那正是從英國運來的橡木。我的一個朋友懂得木料的好壞，親自為我挑選的。」

隨後，伊斯特曼領著艾特森參觀了自己的辦公室，詳細講解曾參與設計的房間配置、油漆顏色、雕刻工藝等等。

當他們在室內誇獎木工時，伊斯特曼走到窗前，非常得意地表明要捐助洛加

斯達大學及市立醫院等機關，以盡心意。艾特森立刻熱誠地稱許，直說他是個古道熱腸的善心人。

兩人接著又談了許多生活上、工作上、生意上的事，艾特森總是適時地表達出自己的讚歎。這場談話一直進行到中午，之後，艾特森不僅順利得到了那筆劇院座椅訂單，還與伊斯特曼成了好朋友。

人際交往中，「投其所好」的重要性，由此可以證明。

因此，不妨這麼告訴自己：為了成為一個會說話的人，為了達成合乎情理的目的，「投其所好」沒有什麼不可以。

先讚美，然後再責備

先表示讚揚，用讚美的話語當中和劑，令對方反駁
不是，發怒也不是，再有理有據地批評，更能令人
心悅誠服地接受。

先讚美，然後再責備

先表示讚揚，用讚美的話語當中和劑，令對方反駁不是，發怒也不是，再有理有據地批評，更能令人心悅誠服地接受。

人際溝通大師塞巴特勒曾經提醒我們：「想讓對方接受原本不想接受的看法，最好使用對方喜歡聽的語言。」

想把自己的「異見」說進對方的心裡，就必須透過有效的說話方式，千萬不要直接批評、責罵。

一般情況下，批評指責都讓人難以接受。如果在展開批評前適當地加入一些讚美，則會收到意想不到的效果。

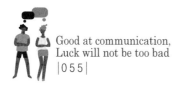
● 先讚美，後將軍

A國援建B國一大型工程，興建過程中卻遇到了停電的困擾，難以如期完工。工程隊負責人找到B國電力委員會經理，誰知對方百般推搪。碰釘子後，A國負責人決定智取。

他先設宴款待這位經理，不斷以外交辭令誇讚對方「很有才幹」，感謝他對雙方的支援與合作「卓有成效」。正當對方喜不自禁時，他話鋒一轉，以調侃的語調說：「我們如果不能按期完工，固然要負起責任，您作為這個項目的總負責人，也免不了受到負面影響。上頭要是追究下來，您恐怕……」

此言在軟硬夾攻中點明要害，立即引起了對方的重視。這位經理只得笑道：

「不會延期的，絕對不會。」

隔日，工地的供電順利恢復。

工程隊負責人藉以打動對方的，正是「先讚美，後將軍」的套路，由此充分顯示出話語的分量來。

● 適度的讚美

歐美一些企業家主張使用「三明治」批評法,即在批評別人前,先找出對方的長處,讚美一番。同時,也要力圖使談話在友好的氣氛中結束,批評後同樣要再使用一些讚揚詞語。

這種兩頭讚揚、中間批評的方式,很像夾著餡料的三明治。用這種方式處理問題,對方可能不會那麼難為情,可以減少對方被激怒所引起的衝突。

這種方法在很多情況下都很有效,主要優點在於批評者提到了對方的長處,無形之間產生替對方迴護的作用。

也許被批評方的能力、為人、工作是否努力等方面,有很多可以肯定的地方,批評者如果視而不見,很可能會給人不公平的感覺,認為自己多方面的成績或長期的努力,沒有得到應有的重視。

批評者首先讚揚對方,就能夠避免這種誤會,使他知道批評是對事而不是對人,自然會放棄用辯解甚至爭執來維護自尊心的做法。

試想一下吧!先聽到別人對我們的某些長處表示讚賞,然後再聽到他的批

評，心裡往往會好受得多，不是嗎？

麥金尼在一八九六年競選美國總統時，就曾採用過這種方法。

那時，共和黨內有一位重要人物，替麥金尼寫了一篇競選演說稿，並自以為寫得高明，便大聲地念給麥金尼聽，語調鏗鏘，聲情並茂。

然而，麥金尼聽後，卻覺得有些觀點很不妥當，可能會引起批評風暴。很顯然，這篇演講稿不能用。

他沒有直接拒絕，而是這樣說：「我的朋友，這是篇精彩有力的演說，我聽了很興奮。在許多場合中，這些話都是完全正確的。不過，用在目前這種特殊場合，是不是也同樣合適呢？我不能不以黨的觀點考慮它將帶來的影響。請你根據我的提示，另外再寫一篇演說稿，然後給我一份副本吧！怎麼樣？」

那位重要人物沒有二話，立刻照辦。

指出別人的缺點，可能會與對方意思相違而造成傷害，也可能會因對方態

度的蠻橫而傷及自己，這時，就需要用讚美的話語當中和劑，令聽者反駁不是，發怒也不是，再提出有理有據的批評，令他心悅誠服地接受。

一位部門科長一大早見到他的秘書，誇她：「妳昨天擬的那份報告很好，我很喜歡。」

女秘書聽了，受寵若驚。只聽科長又不急不徐地接著說：「如果能再注意一下錯別字，一定能夠更好。」

用讚美中和批評，就像在很苦的藥丸外面裹上糖衣，先讓人感到甜，容易一下子吞到肚裡。等藥物進入腸胃，藥性再發生作用。病人既不會感到藥苦，難以下嚥，又能把病給治好。

良藥未必苦口，批評也要講究方法。不顧時間、地點、對方心理，直接了當、劈頭蓋臉就是一陣冷言惡語，不僅達不到批評目的，還會適得其反。

和風細雨地指出錯誤和缺點，你的批評才能產生良性效果。

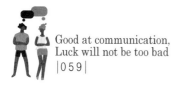
換個角度，對方才會心服口服

> 人們通常會為自己的謊言尋找各種藉口，想加以戳穿，必須巧妙地指出對方自我矛盾之處，才能說得他口服心服，主動地改正錯誤。

一個人的應變能力，以人生經驗為基礎，經過多次實踐，必然會變得老練聰明。與此同時，也可以反映出一個人的機智和修養。

在這方面功底深厚的人，才有可能在情況發生變化時化險為夷，化拙為巧，使自己擺脫尷尬，在交際中取得良好的效果。

要能夠以變應變，首先要做到以下幾點：

- 無論出現什麼情況，都保持高度的冷靜

假如在一次商務交際中，對方談及價格時，突然揭了你的底，說你給某公司的價格很低，給他們的過高，實在是太欺負人了，該怎麼應付？

首先，你必須保持冷靜，情緒過分緊張或者激動都不行。

理虧地承認事實（這就意味著在價格上讓步，但信譽免不了受到損失，失去對方的信任），或者憤怒爭辯，拚命否認，很可能當場就不歡而散。

但是如果保持冷靜，便有可能很快找出理由，比如價格低並不保證退換維修，或某一方面沒有運用新材料、新技術，或者在付款形式、供貨期限、品質保險等方面有差異。無論如何，你總能夠找出合適的理由來挽救局面，使彼此都有繼續商談的機會和可能性。

● **巧妙地轉移話題，分散別人的注意力**

一旦說錯了話或者做錯了什麼事，除了迅速承認錯誤之外，還要學會巧妙地轉移話題，把別人的注意力吸引到其他方面。

比如用幽默或玩笑的方式轉移目標，把關於人的事扯到某種物上面，把令

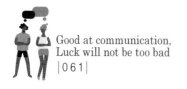
人緊張的話題變成輕鬆的玩笑。

當然，想要順利進行，需要口才和應變能力的幫助。

此外，在談話中，當對方堅定地表達了一個觀點，如果你不同意，要改變他的觀點時，首先要顧全他的面子。

畢竟，要他轉變立場同意你的意見，就等於要他放棄先前堅持的一切，承認自己的想法是錯誤的、不合適的，這並不容易。

談話精明者知道如何給人面子，使對方不至於因為出爾反爾而下不了台。

一家百貨公司來了一位顧客，要求退換她買的一件外衣。她已經把衣服帶回家，並且穿過了，只是她丈夫不喜歡，她卻堅持「絕沒穿過」。

售貨員檢查了外衣，發現有不明顯的洗過痕跡，但直接了當地指出，顧客絕不會輕易承認，因為她說了「絕沒穿過」。這樣做，只可能在雙方之間引發一場爭執。

於是，機敏的售貨員說：「您可否想一想，您家裡是否有人誤把這件衣服放

進洗衣機洗過了？記得不久前，我也有過同樣的經歷，把一件剛買的衣服和其他衣服一起堆放在沙發上，結果我丈夫沒注意，把它們全塞進了洗衣機裡。我想您應該是遇到了相似的情況，因為這件衣服上，的確有洗過的痕跡。」

顧客想了一下，知道無可辯駁，售貨員又為她的錯誤準備好了藉口，給了她一個台階，於是她順水推舟，乖乖地收起衣服走了。

正因為售貨員把話說得婉轉，使她不能撕破臉，又不好意思繼續再堅持。

一場可能的爭執，就這樣被聰明地避免掉。

人們通常會為自己的謊言尋找各種藉口，想加以戳穿，必須巧妙地指出對方自我矛盾之處，才能說得他口服心服，主動地改正錯誤。

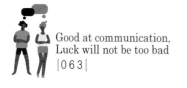
適度讚美，可以為人際交往「開胃」

適度讚美，可以為人際交往「開胃」，如果反覆濫用或過度讚美，就會顯得肉麻而令人起疑，如果言不由衷，更會收到相反的效果。

讚美是對人的一種肯定，這種話人人都愛聽。

讚美適當，最能取悅人心。對別人說這樣的話，只要恰如其分，對方一定感到高興，對你的好感也會增加。

事實上，越是傲慢的人，越喜歡聽讚美話。

有人義正詞嚴地說自己不愛聽讚美的話，只願意接受批評，其實這只是場面話。如果你信以為真，毫不客氣地直言批評，即便他表面上沒有表示，內心也一定十分不悅，對於你的好感只會降低，絕不會增加。

讚美的語言，對人際溝通、維繫良好的關係，足以產生重要作用。懂得說讚美話，別人聽了舒服，也不降低你的高度。

讚美，絕對是與人溝通的一門重要功課。

曾在背水一戰中大出鋒頭的韓信，年輕時受過「胯下之辱」。後來，他追隨漢高祖劉邦，屢建奇功，於是有人斷言：「如果漢高祖沒有韓信，根本無法完成統一天下的霸業。」

這樣的話傳到劉邦耳中，讓他對韓信日益強大的力量產生畏懼，於是有意尋找藉口，以企圖謀反的罪名，把韓信除掉。

此時，韓信並不為自己辯護，只是說：「狡兔死，走狗烹；飛鳥盡，良弓藏；敵國破，謀臣亡。結局果然像人家預料的那樣，我韓信除了被烹、被殺，絕無出路了！」

劉邦聽了，心想韓信乃是開國功臣，不能隨便殺掉，便將他的王位貶為侯爵，暫且擱置，以觀後效。

韓信受到如此打擊之後，心懷憂憤，日子過得十分不愉快。

想不到不久之後，久未謀面的兩人又有了一次見面談話的機會。韓信本來臉皮就厚，又善於讚美，便抓住這個機會，適時地將劉邦讚美了一番，產生了很好的效果。

話題首先從評論將士開始，但雙方各持不同見解。劉邦便問韓信：「你看，我有統率幾萬大軍的能力？」

韓信答：「陛下最多只能統率十萬左右的大軍。」

劉邦又問：「那麼，你呢？」

韓信一笑：「在下當然是多多益善！」

劉邦也笑著問：「既然如此，你又為什麼被我所用呢？」

這時，韓信開始巧妙地讚美了：「陛下雖然沒有『將兵』的才能，卻具有『將將』的才能。在下之所以被陛下所用，道理正在於此。而且陛下的這種能力是天生的，不是普通人所能具有。」

韓信的讚美,堪稱一絕,劉邦被讚美得樂不可支。他到底如何作答,史書未有記載,但由後來韓信的復出,不難推知一二。

需要注意的是,讚美也要拿捏有度。令人感到刻意的讚美話,不僅會在無意中將彼此的距離拉開,更會讓對方產生防範心理。

適度讚美,可以為人際交往「開胃」,但要是反覆濫用或過度讚美,就會顯得肉麻而令人起疑,如果言不由衷,更會收到相反的效果,也就是人們常說的「馬屁拍在馬腿上」。

學會適度讚美,可以為溝通和人際關係鋪就一條良好的通道。

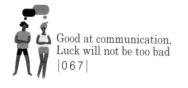
Good at communication,
Luck will not be too bad
|067|

發揮讚美與微笑的魅力

當顧客不接受產品或服務，甚且挑剔抱怨時，只要堅持內心的愛和臉上的微笑，一樣可以化解歧見與煩惱。

有誰喜歡聽別人批評自己？又有誰不喜歡聽別人讚美自己？

答案其實再明顯不過，無論表現得多麼豁達大度，事實上，每一個人都不喜歡被批評，卻都喜歡受讚美。

所以，知名的古羅馬政治家西塞羅說過這樣一句話：「我們都會為愛的禮讚而興奮不已。」

千萬別小看了讚美的威力，它不僅能讓人感到愉快，更能激勵他們看到自己身上最好的一面，並且更喜歡你，願意接近你。

所以，絕對不要吝惜真誠的讚美，而應慷慨地將它們散播給所遇見的每一個人，讓大家都能在茫茫世界中感受一些溫暖，所謂愛的禮讚。

下一次，和陌生人初見面時，不妨馬上加以讚美，無論是對他的行為、外表，或者擁有物。只要分寸拿捏得宜且方式高明，對方必定會馬上感覺到誠意和友好，願意進一步展開交往聯繫。

初見面時的讚美，該如何進行較恰當？

● 不宜太直接，最好不留痕跡

東方民族普遍較含蓄，因此與陌生人相處時，太過直接露骨的讚美很容易被認為虛情假意，讓人無法相信，甚至因為肉麻而起反感。

為了避免弄巧成拙，你可以從與當事人相關的人或物著手。

「這是您的孩子嗎？幾年級了？長得還真是漂亮啊！」

「這個髮型，搭配身上這件衣服，整體感覺非常適合呢！」

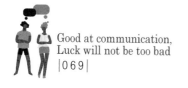

Good at communication,
Luck will not be too bad
|069|

● 態度真誠，措辭委婉

讚美一定得出於真心的欣賞，要有事實依據，並且委婉貼切。越是誇張牽強的語言，越容易弄巧成拙，讓對方感到被愚弄不說，印象更是大打折扣。

唯有出自善意的建議，足以讓人感受到真心誠意的關懷和讚美。

如果只是說「你的髮型不錯」，對方很容易認為這不過隨口說說，形同敷衍，但若進一步說「瀏海若再稍微短一點，就更有精神了」，如此既間接稱讚了現在的髮型，又提出更好的善意建議，不會讓人覺得只是虛偽的奉承，而是發自內心真正的重視與關心，效果自然不可同日而語。

● 面帶親切微笑

「帶著微笑從事銷售，使我無往而不勝。」一位成功的推銷員曾這樣說。

一點也沒錯！微笑有著無比神奇的魔力，不僅可以使自己的精神得到放鬆，增強自信，更能夠架起心與心的橋樑，讓你和陌生人之間的距離迅速縮短。

俗話說「伸手不打笑臉人」，對人微笑等於告訴別人「我喜歡你，很高興

能見到並認識你」，如此善意，誰能拒絕？

推銷就等同在銷售一種服務，服務的人自然必須做到熱情周到，而不能冷若冰霜。微笑，是與人交往時最初的一道陽光，能讓對方體會到友善。

微笑很特別，它不能買、不能求、不能借，只能自然而然發自個人的內心深處。唯有時刻想著與陌生的朋友分享愛、分享歡樂，才能面帶親切自然的微笑，讓所有接觸的人都無法抗拒。

當顧客不接受產品或服務，甚且挑剔抱怨時，只要堅持內心的愛和臉上的微笑，一樣可以化解歧見與煩惱。千萬別忘了一句老話──買賣不成情意在，只要成為朋友，維繫良好關係，還怕以後沒機會嗎？

用真誠的態度和臉上的微笑包裝你的讚美，絕對能讓說出的每一句話都收到更大的實質效益，不妨一試。

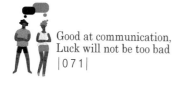

Good at communication,
Luck will not be too bad
|071|

學會說「不」的智慧

考慮到可能會給自己帶來某些不方便，就有勇氣說「不」了。學會拒絕，可節省大量的時間，避免不必要的麻煩。

有些人天生害怕說「不」，害怕別人否認自己的能力，害怕傷了別人的面子。卻不知一味地接受，只會讓自己惹上越來越多的麻煩。

一時的尷尬卻可以換來長久的寧靜，為什麼不說「不」呢？

俄國十月革命前的某一天，植物育種家米丘林正在植物園裡工作。忽然，他的家人跑來說：「市長先生想要見見您。」

米丘林頭也不抬，繼續工作。

家人於是又大聲地重複了一遍剛才的話，米丘林的反應卻是擺擺手。

接近米丘林的人都知道，他是一個非常珍惜時間的人。在他眼裡，一分一秒都非常寶貴。例如，他常常把工具隨時放在身邊，為的是要用的時候不必到處找，節省時間。他的手杖上有尺寸，為的是散步時也能測量樹木的高矮，一物多用，節省時間。

「您知道，這可是市長……」家人強調說。

「我連一分鐘都不願意白白度過！」說完，米丘林又忙著整理果樹了。

學會拒絕別人，可以節省大量的時間，避免許多不必要的麻煩。

誠然，與人交往和幫助別人非常重要，尤其是主動的幫助，更會受到人們的歡迎。但如果是被某種心理壓力所迫，對一切都點頭答應，便等於屈服於某些動機，例如需要得到別人的接受或讚揚，害怕給別人帶來不快和麻煩，希望別人感恩，有朝一日得到報答等，於人於己，都不見得有好處。

因此，你必須掌握一些巧妙地拒絕別人的求助，又不傷害友誼，並且能獲

Good at communication,
Luck will not be too bad
|073|

得理解和體諒的交往技能。

以下，是幾點拒絕的說話技巧：

• 為自己留下轉圜餘地

有些問題一時尚不明朗，需要進一步了解事實真相，或看看事態的發展及周圍形勢的變化，才能提出主張。「模糊表態」能給自己留下仔細考慮、慎重決策的餘地。要是輕易答應，不僅影響自己的威信和聲譽，也會因此造成人際關係的損失。

比如，對把握性不大的事，可採取彈性的回應，使用「盡力而為」、「盡最大努力」、「盡可能」等靈活性字眼，留下一定的轉圜餘地。

對於不是自己能獨立解決的問題，應採取隱含前提條件的承諾。

比如，你是一個有影響力的人，你的朋友請你幫忙關說，讓他進入理想中的工作單位，你不妨這樣說：「你首先要通過考試，包括筆試和面試，在這之後，我才能幫你找人。」

這裡用「考試」對承諾的內容做了必要的限制，既展現了自己的誠意，又話語靈活，具有分寸，還暗示了自己的難處，可說一石三鳥。

● 留給對方一些希望

要求你解決或答覆問題的人，內心總是寄予著厚望，希望一切都能如願以償，圓滿解決。如果突然遭到生硬的拒絕，由於缺乏必要的心理準備，很可能會因過分失望或悲傷，心理上難以平衡，導致情緒不穩定，產生偏激言行。

這時，不如不要把話說死，你可以告訴他：「這件事比較棘手，讓我看看再說。」既給自己以後的態度留下了轉圜的餘地，又使對方不至於感到絕望，使情緒趨於穩定。

Good at communication,
Luck will not be too bad
|075|

掌握拒絕的訣竅

> 准備說「不」字時，主動為對方考慮一下退路或補救措施，使他們不至於一下子跌進失望的深谷。

生活中，常常會出現一些需要拒絕的事，例如當別人期待的幫助完全出於個人利益的考量，或是有人試圖讓你代替他完成分內的工作……只要可能會給自己帶來某些不方便，就要考慮說「不」，否則將因此引來更大的麻煩。

上司要求你晚上加班，但你卻必須照顧生病的孩子；鄰居託你出差時捎帶東西，你卻因行程太滿無暇顧及；朋友求你辦件事，你卻實在無能為力……這種時候，你究竟該怎麼辦？

這種時候，你需要掌握拒絕的技巧，幽默巧妙地說「不」。

● 誘引法

需要否定時，不妨在言語中安排一兩個邏輯前提。不直接說出結論，但邏輯上必然產生否定結論，留給對方自己領悟。這種方法，面對上級時使用，效果比較理想。

戰國時，韓宣王欲重用兩個部下，向一位大臣徵求意見。

這位大臣明知重用二人不妥，但如果直言「不」，可能會冒犯韓王，並且還會讓韓王誤以為自己妒忌賢能，於是，他這樣表達了自己的見解：「魏王曾因重用這兩人，丟過國土，楚王也因重用他們而丟了國土，如果我們也重用這兩人，將來，他們會不會也把我國出賣給外國？」

聽了這話，韓宣王便不得不放棄原有的打算。

● 讓步法

準備說「不」字時，主動為對方考慮一下退路或補救措施，使他們不至於一下子跌進失望的深谷。

有一次，美國口才與交際學大師卡內基，不得不拒絕一個於情於理都不應拒絕的演講邀請。

他衡量了一下，這樣對邀請者說：「很遺憾，我實在排不出時間了。對了，某某先生講得也很好，說不定他更適合你們。」然後推薦了一個目前有實力解決此問題的同行。如此一來，邀請者多多少少獲得了心理補償，減輕因遭拒絕而產生的不滿和失望。

當我們對對方的要求「心有餘而力不足」時，不妨採用這種方法，它可以充分表達誠意，得到理解。

● 曲解法

即故意曲解對方話中的涵義。爲了達到拒絕的目的，不妨裝聾作啞一回。

一次，一位貴婦人邀請義大利著名的小提琴家帕格尼尼到她家裡喝茶，帕格尼尼同意了。當然，貴婦人是醉翁之意不在酒。

果然，臨出門時，貴婦人又笑著補充說：「親愛的藝術家，請您千萬不要忘

了，明天來的時候帶上小提琴。」

「這是為什麼呀？」帕格尼尼故作驚訝地說，「太太，您該知道，我的小提琴是不喝茶的。」

藉故意曲解對方的語言，聰明的音樂家明白表示了拒絕。

這種方法，適用於那些愛玩小手段的狡猾者，讓對方面對拒絕也只能啞巴吃黃蓮，有火發不出。

● **讚美法**

妻子對丈夫說：「親愛的，格林夫人買了一頂帽子，真好看！」

丈夫：「如果她像妳這麼漂亮，根本不用買帽子。」

聰明的丈夫透過誇讚妻子的美貌，巧妙地達到了拒絕的目的，既討好了妻子，又不需要破財，一舉兩得。

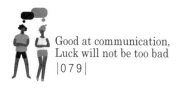

Good at communication,
Luck will not be too bad
|079|

說「不」，也是一種藝術

不得已必須拒絕別人的請求時，注意拒絕的藝術，既能維繫人際網路，又不必為難自己，彼此皆大歡喜。

語言專家貝爾曾經寫道：「一句話往往再加上幾個字，就可以讓別人原本不想聽的話，變成別人願意聽的話。」

拒絕的藝術也是如此，有時候只要加上一些裝飾性話語或行動，就可以更巧妙地傳達自己真正想要表達的意思。

生活中必然會碰到需要拒絕的時候。

拒絕要講究藝術。當別人滿懷希望、帶著信任而來，卻只給人家一個「不」字，豈不像是當頭潑了一盆冷水？

比較好的拒絕方法，還是以誠相告，講解清楚，讓對方了解你對這件事確實無能為力。如果在你坦白了自己「無能為力」之後，還能夠為他推薦替代辦法，效果更好。

● 不立刻拒絕

當別人提出請求時，如果你連對方的理由、動機都沒有興趣傾聽，就立刻加以拒絕，會讓人覺得你冷漠無情，甚至因此懷有偏見。

別人對你提出請求，背後一定其理由與動機，應該先傾聽了解。如果自己有不得已的苦衷，可以婉轉說明，或是事隔幾天再予以說明。

比如，對方請你幫忙求職，如果你沒有能力幫這個忙，也不要一口回絕。

可以先請對方寫下自己的簡歷、意願、要求、聯繫方法等，這樣的「立即行動」，就讓別人親眼看到了你想幫忙的「事實」，產生感激。

幾天後，在對方還沒聯繫你之前，首先打電話給他：「這幾天我一直為你的事找人，但某某職務的條件要求很高，有些困難。」

Good at communication,
Luck will not be too bad
|081|

再過兩三天，再次主動找到他：「真對不起，我找過我熟識的人了，但是這次競爭很激烈……沒辦法，等以後有機會再說吧！」

● 有代替的拒絕

誰也不願意向別人開口要求幫助，既然開口，背後一定有原因。輕易地予以拒絕，會使自己失去幫助別人、獲得友誼的機會。

也許他跟你要求的這一點，你實在幫不上忙，但你可以想辦法，用另一個替代的方法幫助他。

如此一來，即便拒絕了原來的請求，他也一樣會感謝你。

● 不要在盛怒之下拒絕

在盛怒之下拒絕別人的請求，常會因「口不擇言」而傷害對方，也會讓別人覺得你一點同情心都沒有。

拒絕的時候，最好面帶微笑，態度莊重，使對方感到你對他的尊重與禮貌。

如此一來，即使被拒絕，也會欣然接受。

● 告知對方，你確實心有餘而力不足

別人求助時，雖然知道自己幫不了忙，但也應熱情接待，對於求助者的苦難和求援表示理解和同情，坦誠地說明幫不了忙的原因。

如有可能，也可以幫助對方出一些主意或建議，還可以提供別的求助線索，以免除求助者的誤解，使他明白你真是心有餘而力不足。即使你幫不上忙，求助者也會心懷感激，因為你盡了最大的努力。

當不得已必須拒絕別人的請求時，注意以上所述的拒絕的藝術，就不會使拒絕變為難堪。掌握拒絕的技巧，在與人交往的過程中就可以遊刃有餘，既能維繫人際網路，又不必為難自己，彼此皆大歡喜。

恰如其分地讚美別人

要恰到好處地讚美別人不是一件容易的事,但如果稱讚得體,就能博取對方歡心,快速拉近彼此之間的距離。

不要吝於讚美別人

適度、真誠、委婉、合情合理的讚美是去病除疾的良藥，言過其實的讚美會令人生厭，效果適得其反。

每個人都喜歡聽好聽的話，說好話絕對比做好事更容易達成溝通的目的；想成功，在溝通的過程中，如何讚美別人，如何把話說到別人的心坎裡，絕對是必修的學分。

如果你不知道如何站在對方的立場看問題，不知道適時稱讚對方，藉機把話說進對方的心坎裡，非但無法達成自己的目的，而且還會使自己在溝通的過程處處碰壁，難以和對方進行良性互動。

Good at communication,
Luck will not be too bad
|085|

古人說：「快刀割體傷易合，惡語傷人恨難消」，說明出言不遜的人只會自食苦果，只有處處與人爲善，寬以待人，才會建立與人和睦相處的基礎。

在現實生活中，有些人不討人喜歡，四處樹立敵人。這並不是大家故意和他們過意不去，而是他們在與人相處時，總自以爲是，對他人百般挑剔，隨意指責。

如果你想成爲一個被人喜歡的人，就必須學會衷心地讚美別人。

有句話說：「人性中最根本的願望，就是希望得到讚賞。」

一個笑容可掬，擅於發掘別人優點給予讚美的人，肯定會受別人的尊敬和喜愛，這種人自然身心健康，生活、工作都十分愜意。

在日常生活中或職場上適時地讚美他人，會讓彼此的信賴關係更穩固，也會激發出工作意願。譬如女性最喜歡別人讚美她漂亮，簡單不費功夫的一句話，可是女性最棒的活力來源。

當然，如果要請別人幫你做事，讚美對方更是不二法門，即使讚美到他害

差的地步，也絕對不是壞事。

在孩子的教育上，那就更不需懷疑了。以責備方式來教導孩子，是不會有太大效果，還不如費一點心思，找出可取之處來讚美他。比起做錯事被責備，小孩子絕對會比較喜歡被讚美的。

一旦被讚美，就能增加自信心，會產生一種自己被認同的安全感。因為，自己被人信賴的喜悅，會讓人產生一股動力，因此我們應該儘量針對對方的優點去讚美他。

對於攻擊性的態度，一般人都會很自然地產生敵對的心理，對於親切的態度，他們也會產生友善的反應。如果是以施壓的態度接觸小孩，不管你說話再怎麼有趣，他們也不會聽你的。

大人其實也和小孩一樣，當你發現職場上有人拼命工作而得到優異成果時，都應該不吝嗇地讚美他。

千萬不要等他離職時，你才說他是難得的人材，或是一個優秀的業務精英

Good at communication,
Luck will not be too bad
|087|

什麼的，這樣不僅不能激勵他，也對公司毫無助益。

提到讚美，我們經常在婚禮的致詞上聽到，新郎都是優秀分子、前途無可限量，新娘都是才貌兼備的女性等等。雖然我們會把它當作是形式上的讚美致詞，但內心還是得十分高興。

但在日常生活或職場上，我們都還不習慣讚美別人，因為對於讚美都會直接聯想到，它是一種恭維或者巴結，因而產生抵抗感。

東方人不像歐美人那樣會直率地道謝，讚美別人，反而很怕別人認為自己別有居心；被讚美的人就算是事實，也會在嘴上謙虛地加以否定。

其實，讚美至少是一種友好的態度，意味著溝通的積極表現。你不妨大方讚美對方，也接受對方的讚美！若覺得懷疑，多注意就好，即使被欺騙，也不是什麼大不了的事。

此外，積極地讚美他人吧！它可以當作加強溝通的潤滑劑。雖然有人會覺得這樣太輕浮了，但這樣才能讓地球運轉得更順暢。

在職場上也試著利用讚美的功用吧！它和獎金不同，是不需要花錢的，而且還能得到很大的效果。

讚美必須要選擇時間與場所，否則可能讓被讚美的人產生被諷刺的錯覺。

別忘了，一定要採取公開的方式，暗地讚美是毫無意義的。

適度、真誠、委婉、合情合理的讚美是去病除疾的良藥，言過其實的讚美會令人生厭，效果適得其反。

潛心去研究讚美這門學問，一定會使你的心靈充滿喜悅與幸福，讓你的工作與生活充滿陽光和希望。

千萬不要逞口舌之能

想要成為優秀的說話高手，談吐必須機智得體，在製造風趣幽默效果的時候，千萬不要冒犯他人，否則就會適得其反。

人如果不關心正和自己交談的對象的話，很難成為一個受人歡迎的說話高手。懂得說話藝術的人，有時儘管話語說得很少，但卻能挖掘別人身上的優點，透過真摯的讚美誘導對方開口說話。

他們和別人交談的時候，態度非常真實熱忱，而且善解人意，因此，在他們面前，即使是個性害羞內向的人，也能輕鬆自入地侃侃而談。

他們解除了別人的心防，讓他們不再有所疑慮，使得他們能夠敞開心胸暢所欲言。大多數的人們都認為，他們是一個風趣幽默的談話大師，因為他們能

夠挖掘別人身上最優秀的內涵。

倘若你想成為一個四處受人歡迎的人，那麼，你就必須先旁敲側擊了解與你交談的對象，然後用他們最感興趣的議題來引導他們加入話局。

因為，如果你的議題不能令談話對象產生興趣，那麼，你試圖拉近彼此心理距離的努力，將會徒勞無功。

有些人能夠準確地挖掘別人身上的優點，有些人則恰好相反，總是觸及別人隱隱作痛的傷口。善於發現別人優點的人之所以受歡迎，就在於他們會使別人忘掉不愉快的事情，而且懂得喚起別人身上所具有的特殊優點。

想要成為優秀的說話高手，談吐必須機智得體，在製造風趣幽默效果的時候，千萬不要冒犯他人，否則就會適得其反。

如果你想令別人感到自己的談吐詼諧幽默，除了必須鍛鍊自己的說話技巧之外，必須留意的是，千萬不能逞口舌之能戳傷別人的痛處，或者是嘲諷別人。

Good at communication,
Luck will not be too bad
|091|

輕鬆自在地表現自己

其實你的自我意識不需要太強烈，應該坦率而自然地表現出自己想法。別人並沒有你想像的那樣注意你，不妨自在輕鬆地表現自己吧。

很多人不習慣在眾人面前說話，尤其是害羞、內向的人更容易發窘，一緊張起來，就開始心跳加速、冷汗直流、雙腿發軟、天旋地轉……先前準備好的說詞可能早已忘得一乾二淨，說起話來不知所云，視線也完全不敢投向前方。

遇到這種情況，你可能覺得自己完蛋了……

可是，當你恢復意識後，有時卻會發現狀況與自己想像的迥然不同。你或許會看到有人露出微笑，甚至坐在隔壁的上司還稱讚你說得很好，大家都紛紛誇你態度穩重，說話也有重點。

這一定會讓你大吃一驚吧！怎麼會完全出乎自己意料之外呢？

這種情況其實常常發生。原因在於，你可能非常重視這件事，但別人根本覺得沒什麼，所以即使發生一點點差錯，你會覺得事態嚴重，不過別人卻不這麼想的。這是因為，人通常只注意到自己，對攸關自己的事情非常重視、在意，對別人的事就沒太大感覺。

人際關係上也是如此，或許你覺得：「對他說話還是客氣一點比較有禮貌。」但是，對方心裡卻可能會想：「這人說話好虛偽，真不知道他到底在想什麼。」

所以，其實你的自我意識不需要太強烈，應該坦率而自然地表現出自己想法。別人並沒有你想像的那樣注意你，不妨自在輕鬆地表現自己吧。

過去，大家會認為謙虛就是種美德，不過，這一套在現代早已不適用了！

我們常常會說：「我沒辦法勝任這件事」、「比我有能力的還大有人在」，其

Good at communication,
Luck will not be too bad
|093|

實大多時候，內心都是在想：「我優秀得很呢！」以為自己這樣是很謙虛的。

不過，換成是你，聽到這樣的話，應該不會對對方有好印象吧?!你可能覺得對方很不積極而已。

所以，倒不如再多表現出自己，如果遇到了能力不及的事，就要採取積極努力的態度，這是比較重要的。

要注意的是，可別太高估或吹噓自己的能力，這是許多人常犯的毛病，往往為了抬高自己的身價，大拍胸脯保證或是誇下海口，不過不要忘了，虛張聲勢的話會馬上被看穿的！

當別人對你有好印象的時候，其實是你的能力和言語一致，而且具有說服力的時候，也就是對方能明確地評估你的時候。

坦誠地表現自己，就能給與對方好印象。

還有，我們大都無法同時處理很多工作，因此當上司突然交代某些新工作給你時，你就必須就手頭上的工作進行取捨，不過，關於那些想要拒絕的話語，

你應該是很難說出口吧！

那麼，當你非得接受超越自己能力以上的工作時，該怎麼辦呢？

其實，與其事後才懊惱不已，你不妨一開始就婉轉地向上司說明自己的工作狀況，這才是聰明的做法。

你可以委婉地說明：「老實說，從我現在的能力和工作量來看，我想，要完成這項任務是很困難的，可是我願意盡力試試看。不過，若途中需要協助的話，必須麻煩您找人支援。」

這樣一來，你積極的態度就會被讚許，而且大家也會很樂意協助你。就算途中接受了支援，你也不會有難堪或受傷的感覺。

其實，不管是工作或人際關係上，你想要有怎樣的結果呈現，都全憑自己，關鍵點就在於樂觀進取，不要給人負面的印象了！

Good at communication,
Luck will not be too bad
|095|

建立人際關係，從「聽話」做起

聚精會神地聆聽博學多聞的人談話，不僅能增進自己的人際關係，獲得志同道合的朋友，也可以從中萃取豐富自己人生所需的養分。

波斯作家薩迪曾說：「口中的舌頭是什麼？它是智慧寶箱的鑰匙，只要不打開，誰都不知道裡面裝的是珠寶還是雜貨。」

言語對於大部分普通人來說，是用來交流思想的，但是，對某些聰明人來說，則是用來掩蓋思想的。

交談的藝術，不只是讓人聆聽的藝術，也是聆聽別人說話的藝術，因此，在交談當中，一個人獨佔全部的話題，是一種無禮且不合情理的錯誤。

千萬要記著，大自然賦予人一條舌頭和兩個耳朵，為的是讓人聽到的話兩

倍於說出的話，如此才可能增長自己的智慧和人際關係。

在現實生活中，有許多人不僅不懂得說話，也不懂得「聽話」。

現代人的生活步調太過匆忙，大都缺乏耐心去聽別人談話，有時根本就不尊重正在與我們交談的人。

和別人交談的時候，我們往往表現得心不在焉，極不耐煩地左顧右盼，或者玩弄雙手和身邊的物品，或者不禮貌地打斷別人的談話。

總之，我們老是恨不得趕快結束這次談話，趕往下一個目的地，和另一個對象進行相同的會話。

這種現象正代表著，我們懷著急功近利的心態，生活在焦躁不安之中，不曾為自己和別人留下深入交流的時間，生活的壓力推促著我們盲目地前進，在熙來攘往的人潮中推推擠擠，想擠出一條康莊大道，以便朝著夢想中的名利權勢奔去。

因為欲求不滿足而滋生焦躁不安，是現代人最顯著的特徵之一。除了追逐權勢、名位、財富之外，其餘的事物都不會令我們產生興趣，反而讓我們感到厭煩。很多時候，我們和別人交往，並不是以建立彌足珍貴的情誼為基礎，而是以功利的角度來衡量他們對自己的價值，評估他們能為自己帶來多少助力，能否幫助我們達成自己的目的。

生活的緊張、繁忙與庸碌，使我們認為自己沒有多餘時間去培養待人接物應有的優雅禮儀，也沒有時間吸收別人的優點，增強自己的內涵與學識。

殊不知，這種膚淺的想法與行為，久而久之，就會使我們成了言語無味、功利市儈的世俗庸人，缺乏吸引別人接近的魅力。

其實，聚精會神地聆聽博學多聞的人談話，不僅能增進自己的人際關係，獲得志同道合的朋友，也可以從中萃取豐富自己人生所需的養分。

如果，你渴望建立一流的人際關係，讓自己獲得更多友誼和助力，首先，你必須從專心聆聽別人說話做起，以虛懷若谷的態度尊重別人的言談。

成為傾聽高手的不二法門

不能成為傾聽高手絕對是有百害而無一利的，靜下心來想一想，你是否懂得認真聆聽別人說話呢？

不論做任何事，想要得到美好的成果，集中注意力是必備條件，這個原則可以應用在商業、藝術、運動⋯⋯等各方面上。

交談之時的傾聽方式也是一樣，集中注意力是很重要的。

傾聽高手是會認同別人存在、激發出別人潛在能力，而且讓別人內心溫暖的人。每個人都衷心盼望自己身邊能有這種傾聽高手，如果你能成為傾聽高手，就代表你成為他人所歡迎的人，不但人際關係會變得很好，能得到各種有益情報、得到別人的協助，發生困難時也能得到必要的支援，好處多多。

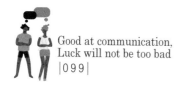
Good at communication,
Luck will not be too bad
|099|

一般人大都比較想培養說話能力，但其實傾聽能力才是更重要的，因為不管在工作或人際關係上，最基本的就是溝通，而溝通又是由傾聽這種行為來達成的；傾聽能力越高，溝通也會越順暢，人際關係也一定會變好。

成為傾聽高手能帶來一些具體好處，像是受人喜愛、能順利地進行工作、不會錯過任何有利的情報、成為說服高手及說話高手……等等，這些都是有連帶關係的。

雖然每個人的好惡都很主觀，情況也因人而異，但同樣一個人，為什麼有人喜歡他，有人卻討厭他嗎？

關鍵點就在交談時的表情與態度。

怎樣的表情與態度才會受到別人喜愛呢？

除了笑容、尊重對方的反應、思考自己在對方心中的印象之外，要養成受人喜愛的傾聽方式，還有一些值得注意的地方：

1. 注意不要有瞧不起對方的態度與言語。

我們都討厭別人瞧不起自己，使自尊心受到傷害，所以言談之際，也不能使別人有這種不愉快的感覺。

2. 尊重對方的立場。

每個人都會先想到和自己有密切關連的事，希望對方多少考量到自己，因此交談之時要尊重對方的立場。

3. 要有恰到好處的附和。

附和應該是發自內心的感覺，不要讓人有矯揉做作的嫌惡感。

4. 一邊筆記一邊傾聽，對方就會對你萌生好感。

因為，對方會覺得自己受到重視，心情當然就愉快了。

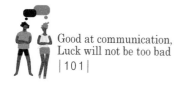

Good at communication,
Luck will not be too bad
|101|

5. 不要逼問，而要詢問。

詢問是要確認對方說的事，關於不清楚的事情，希望對方在能力範圍內能告訴自己，但一旦用逼問的方式，就會讓對方惱火而不愉快。

6. 懂得稱讚他人，取悅對方。

人和人說話會心情變得愉快，往往是在對方對自己有不錯評價的時候，因此，該稱讚的時候不需要猶豫，想到時就可馬上脫口而出。

7. 引用對方的話。

對對方的話迅速地反應，在對話中引用他的話來說，是聰明的做法，尤其是表現對方心情或情緒的話，就會更有效果。

8. 醞釀出悠閒的氣氛。

一般人交談之時，最討厭無法定下心來說話的感覺了，因為會有對方沒有

確實消化自己話語的空虛感。

說話的一方如果覺得聽者並沒有認同自己的存在，又怎能對這種人有好感

呢？因此製造出悠閒的氣氛是一定要的！

9. 不使用讓說話者失去意願的言語。

一般而言，只要聽到否定的言語、明顯沒有認真聆聽話的言語、懷疑的言

語、催促談話的言語，說話的人就會馬上失去繼續說話的意願，使得交談氣氛

整個冷淡下來。

就說話藝術而言，不能成為傾聽高手絕對是有百害而無一利的，靜下心來

想一想，你是否懂得認真聆聽別人說話呢？

Good at communication,
Luck will not be too bad
|103|

恰如其分地讚美別人

要恰到好處地讚美別人不是一件容易的事，但如果稱讚得體，就能博取對方歡心，快速拉近彼此之間的距離。

要恰如其分地讚美別人是件很不容易的事，如果讚美得不恰當，反而會令對方生氣。要想讚美得恰到好處，就必須盡早發現對方引以為豪、喜歡被人稱讚的地方，然後對此大加讚美。

因此，在尚未確定對方最引以為豪的地方前，最好不要胡亂稱讚，以免自討沒趣。試想，一位原本就為自己身材消瘦而苦惱的女性，聽到別人「讚美」她苗條、纖細時，又怎麼會高興呢？

那麼，究竟什麼才是一個人引以為榮的地方呢？

首先，每個人都有自己的特長與愛好，這些特長、愛好常常就是一個人引以為榮的地方，因為特長是他優於別人、超出別人的地方；愛好則是一個人的興趣所在，許多人會在自己的愛好上投入大量財力、物力、精力。

因此，靈活交際的智慧就在於尊重別人的特長與愛好，再加上適當的讚美，就能贏得一個人的歡心。

對有一定特長的人，如書法、繪畫、釣魚、種花等等，不可只是口頭上的讚美，最好抱著謙虛請教的態度向對方討教一番。即使你對那方面瞭解頗深，也不妨顯得有些外行，好讓對方表現一番。

其次，每個人或多或少都有些自認為很光榮、很光彩的往事，他們常常把這些事掛在嘴邊，老是說：「想當年……」「那時候，我曾經……」「在法國留學那一陣子……」

對於這些往事，他們常常希望得到別人的讚許。因此，瞭解對方引以為榮

Good at communication,
Luck will not be too bad
|105|

的往事再加以稱讚，多半能令對方高興。

最後，每逢女性改變髮型、服飾、裝扮時，一定要加以稱讚。像是說：「今天的耳環不一樣，是在哪裡買的呢？」

聽見這種暗藏讚美的話，沒有一個女孩子會不高興的。對許多女性而言，服裝或飾物是自己最希望受人讚美的部分。

但要注意，若是對這方面不甚了解而隨便讚美，也有可能帶來反效果，例如將廉價的衣服讚為「高貴的服飾」，可能會令對方有被愚弄的感覺。

要恰到好處地讚美別人不是一件容易的事，但如果稱讚得體，就能博取對方歡心，快速拉近彼此之間的距離。

因此，若想成為一個成功的領導者，對「稱讚」這門學問就要好好研究，它會是開拓人際關係的最佳武器。

用祝願式言語增進情誼

雖然祝願式的言語不一定有邏輯性，但只要話語中包含誠心的祝福，對方自然樂於接受，也就有益於促進彼此間的關係了。

好聽的話語人人愛聽，所以在人際交往的過程中，多說點好聽話能減少彼此之間的摩擦，加強彼此的情誼。所謂的「好聽話」不單是指稱讚對方的話語，同時還包含帶有祝願意味的話語。

祝願式言語主要強調一種美好的意願與說者真摯誠懇的感情，是用一種友好的心情去祝對方的未來發展狀況順利、一切心想事成。這類話語不一定合情合理，但由於話中帶有善意，所以聽者多半會欣然接受。

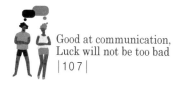
Good at communication,
Luck will not be too bad
|107|

在某間飯店的公關部售票台前，有位客人匆匆來到櫃檯前要訂車票。

「早安！」辦事員很有禮貌地站起來招呼。

「我要三張後天去紐約的九十一號列車車票。」這位客人不耐煩地說。

見客人情緒不佳，辦事員立即將訂票單取出，幫客人登記。當寫到車次時，他習慣性地問：「先生，萬一這趟車訂不到，三一一或三○五號列車可以嗎？它們的發車時間是……」

但沒等對方說完，客人就連說：「不行！不行！我就要搭九十一號列車。」

辦事員又強調：「萬一……」

沒想到這番好心反而把客人惹火了。「什麼萬一？你們是為客人服務的，怎能這麼說？」客人有些惱怒。

這時，這名辦事員立即意識到自己說話的方法不妥，差一點把客人趕跑了。

他根據對方回應的信息，立即調整話語，轉換語氣說：「我們一定盡最大努力，設法為您買到票。」客人這才滿意地離去。

第二天客人來取票之時，根據前一天打交道的情況，辦事員一改過去公事公

辦的態度，笑瞇瞇地對他說道：「先生，您的運氣真好，明天九十一號列車的車票恰好只剩三張票，我已經幫您買下來的。先生您的運氣這麼好，肯定是要發財了。」

客人一聽此言，立即眉開眼笑，還到販賣部買了一大包零食請辦事員吃，而且從此以後，他成了這家飯店的忠實顧客。

上面例子中的辦事員，從買到車票的幸運「推測」出「發財」一說，這兩者之間沒有必然性可言，也不具備多少合理性，但重點在於它是一句人人都愛聽的好聽話，讓人聽了就開心。

祝願式言語帶有濃厚的情感色彩，需要內含真實的情感，並給予對方最為貼切的讚美。雖然祝願式的言語不一定有邏輯性，但只要話語中包含誠心的祝福，對方自然樂於接受，也就有益於促進彼此間的關係了。

尊重，讓彼此更容易溝通

凡是善於談話的人，必定會小心翼翼斟酌說話方
法，不使溝通陷入僵局。只要談話之門沒有關上，
就永遠不愁無話可說。

尊重，讓彼此更容易溝通

凡是善於談話的人，必定會小心翼翼斟酌說話方法，不使溝通陷入僵局。

只要談話之門沒有關上，就永遠不愁無話可說。

有「會說話」的人，自然也有「不會說話」的人。

有些人喜歡抬槓，搭上話就針鋒相對，無論別人說什麼，總要加以反駁。

事實上，他本身可能一點概念也沒有，偏偏當你說「是」之時，就一定要說「否」，到你說「否」的時候，反而又說「是」了。

事事要占上風，不與人為善，這是一種極壞的說話習慣。即便你的見識真比別人多，也不應該以如此態度說話，不為別人留半點餘地，非要把對方逼得無路可走才心滿意足。

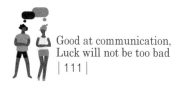
Good at communication,
Luck will not be too bad
| 111 |

不懂尊重別人，是種不良習慣，足以使你自絕於朋友和同事之外，沒有人會願意再向你提出意見或建議，更別說是忠告了。你的本性可能是很好的，但只要染上這種不良說話習慣，朋友和同事必定會離你而去。

唯一的改善方法，從養成尊重別人的說話習慣開始。

首先你要明白，在日常談論當中，自己的意見未必都是正確的，而別人的意見也未必就是錯誤的。那麼，又何必次次反駁？

別人和你談話時，可能根本不打算聽你說教，只當作單純談笑罷了。此時，你若硬要表現出聰明，拿出自認為更高超的見解壓過對方，即便如願取得優勢，對方也絕不會心悅誠服地接受。

當同事或朋友向你提出建議，若不能立刻表示贊同，起碼要表示願意考慮，不可馬上反駁。

和朋友談天時更該注意，過度執拗足以讓一切有趣的話題變得枯燥乏味。

想要藉言語和人建立良好關係，千萬要表現得謙虛一些，隨時考慮別人的意見，不要太過固執，要讓人們覺得你是一個可以交談的人。

聽到別人的意見和自己一樣時，大可立刻表示贊同，不要以為這樣做會被人認為是隨聲附和，因而默不吭聲。不吭聲，確實不會被人誤解為隨聲附和，但也容易使人以為你並不同意。

當聽到別人的意見和你不一致時，也可以表示你不同意，但此時要注重說話的技巧，把不同意的原因委婉但明確地說出來，避免過度批評或者人身攻擊，如此便不至於傷害彼此的感情。

人與人之間的談話，經常只有一個目的，就是想知道別人對某件事的看法是否和自己相同。若雙方意見一致，就會感到肯定或安慰，如果發現雙方的意見有差異，就會有受刺激的感覺。

常常可以看到人們因為表示出相反意見而得罪了朋友，所以許多專家和相關書籍總是勸人們收斂、圓滑些，不要表達自身的不同意見。但這種說話方式是很片面、膚淺的，也是不誠實的表現。

無論多麼愛面子，除了少數極愚蠢、狂妄的人以外，沒有人不希望擁有忠實的朋友。不妨設想一下，如果你認識一個人，對他說的每句話都隨聲附和，

Good at communication,
Luck will not be too bad
| 113 |

絕口不說「不」，會有什麼樣的結果？也許第一次見面他很喜歡你，但是，不久以後他就會覺得你是個圓滑、不可信賴的應聲蟲，選擇跟你劃清界限。

與別人意見不合時，究竟該如何表態？

首先，在細心觀察社會和人生百態後，你要明白一個事實：只要方法得體，向別人表達自己的不同意見，有時還會受歡迎。這是因為，真正得罪人的往往不是意見本身，而是不當的說話方式與態度。

應遵守一個說話原則：表達意見的時候，要假定自己的想法也可能有錯誤，不要強迫別人立即同意，給人充分的考慮時間，致力於做到既不言聽計從，也不固執武斷。

一方面，老老實實地說出自己真正的看法，另一方面，誠懇地尊重別人的意見，這才是最理想的交談方式。

生活中，必定經常可以看見以下情形發生：兩人原本好好地在談話，卻不知不覺就爭執了起來，而爭論的僅是一些極其微小的事情。他們的觀點大體上一致，但都偏執地以為對方完全站在自己的對立面，弄得雙方都非常不愉快。

這是最常見的溝通失敗案例，而導致的主要原因，是在表示不同意之前，忘記說或者以為不必先說自己同意的部分。

難道不是嗎？我們在聆聽他人的長篇大論時，若發現其中某一部分與自己的看法不同，多半會立即提出異議，而對方一聽這話，便會以為提出的意見遭全盤否定，爭執由此產生。

能否在這樣的場合全身而退，考驗著說話本領的高低。一定要記住，先說明自己贊同的部分，然後再說明在某一點上你有不同的意見，如此，對方才可能較容易地接受你的觀點。

無論彼此的意見差距有多大，分歧又是多麼嚴重，只要不表現出絕對不可商量的態度，必定能找出解決方法。

凡是善於談話的人，必定會小心翼翼斟酌說話方式，不使溝通陷入僵局。

只要談話之門沒有關上，就永遠不愁無話可說。

Good at communication,
Luck will not be too bad
│115│

要聰明，不要被聰明所誤

無論對任何人、任何事，開口說話之前，千萬記得提醒自己：要比別人聰明，但不要告訴人家你比他更聰明。

說話的最高藝術，就是運用口氣替自己創造運氣。只要掌握人性的共同弱點，將自己的話語裏上一層糖衣，既可以激發對方內心潛在的慾望，更可以滿足對方渴望獲得認同的心理，順利地達成自己的目的。

伶牙俐齒並不算真正會說話，所謂的說話高手，必定還具備一種能力──以言語激勵、成就他人之美。

安德魯‧卡內基是美國的鋼鐵大王，白手起家，既無資本，又無鋼鐵專業知

識和技術，卻成為舉世聞名的鋼鐵鉅子，使許多人大感迷惑不解。

某一回，一位記者好不容易得到訪問卡內基的機會，迫不及待地劈頭就問：

「您的鋼鐵事業成就是公認的，您一定是世界上最偉大的煉鋼專家吧？」

卡內基一聽，哈哈大笑著回答：「記者先生，您錯了，煉鋼學識比我強的，光是我們公司，就有兩百多位呢！」

記者大感詫異道：「那為什麼您是鋼鐵大王？您有什麼特殊的本領？」

卡內基這麼說：「因為我知道如何用言語去鼓勵他們，使他們發揮自身所長，為公司效力。」

確實，卡內基創辦的鋼鐵業，是靠一套能有效發揮員工專長的制度，取得了蓬勃的發展。

最開始，卡內基的鋼鐵廠因產量無法明顯提高，效益甚差。察覺問題所在後，他果斷地以一百萬美元年薪的高價，聘請查理‧斯瓦伯為總裁。斯瓦伯走馬上任後，鼓勵日夜班工人進行競賽，工廠的生產情況迅速得到改善，產量大

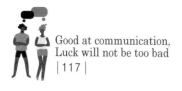

幅提高，卡內基從此逐步走向鋼鐵大王的寶座。

由此可見，卡內基是十分聰明的，如果一開始便自命為最偉大的煉鋼專家，真正的能人怎麼可能投入他的陣營、為他效力呢？

法國哲學家羅西法有句名言說：「如果你想要得到仇人，就表現得比你的朋友更優越吧！」

為什麼這句話是事實？因為當朋友表現得比我們優越時，他們會產生一種自己是重要人物的感覺，但是當我們表現得比較優越時，他們就會產生一種自卑感，導致嫉妒情緒。

讓我們來看看接下來的這則故事：

某段時間，美國紐約市中區人事局最得人緣的工作介紹顧問是亨麗塔，但她並非一開始就擁有極好的人緣，甚至初到人事局的頭幾個月，在同儕間連一個朋友都沒有。

你必定感到疑惑，這是為什麼呢？

因為每天她都在使勁吹噓自己的工作成績、新開的戶頭裡的存款數字，以及她所做的每一件事情。

「我工作做得不錯，並且深以為傲。」亨麗塔對成功大師拿破崙・希爾說：

「但是，我的同事不但不分享我的成就，還表現得極不高興。我感到很難過，因為自己是如此渴望這些人能夠喜歡我，希望與他們成為好朋友。」

「在聽了你提出來的建議後，我開始少談自己，多聽同事說話。我發現他們其實也有很多事情渴望吹噓、分享，且因為我願意聆聽而感到興奮不已。現在，每回有時間在一起閒聊，我都會讓他們把歡樂告訴我，只在他們問我的時候，才稍微說一下自己的成就。」

想要在人際相處中處處吃香得利，首先得培養出聆聽的態度和雅量，再來，要提醒自己：不要在言語上表現得太「聰明」，尤其當對方犯錯時。

切記，無論採取什麼樣的方式指出別人的錯誤，一個蔑視的眼神，一個不滿的腔調，一個不耐煩的手勢，都有可能帶來難堪的後果。

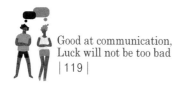

你以為對方會心悅誠服地同意你所指出的錯誤嗎？

絕對不會！

因為你否定了他的智慧和判斷力，打擊了他的榮譽感和自尊心，同時還傷害了他的感情。他非但不會改變自己的看法，還會想要狠狠地展開反擊，這時，無論你再搬出多好聽的言詞彌補，可能都無濟於事。

永遠不要說這樣的話：「看著吧！你會知道誰對誰錯的。」因為這等於在說：「我比你更聰明、更優秀。」實際上，等同於一種挑戰。

在你還沒有開始證明對錯之前，對方已經被激怒並準備迎戰了，這對解決問題有什麼幫助？為什麼要為自己增加困難呢？

某位年輕的律師，參加了一個案子的辯論，因為案子本身牽涉到大筆資金，可說相當重大。辯論過程中，最高法院的一位法官突然對這位年輕律師說：「海事法追訴期限是六年，對嗎？」

他當即愣了一下，接著轉頭以驚訝的眼光直視法官，率直地說：「不！庭

長，海事法沒有追訴期限。」

後來再回顧，這位律師說：「當時，法庭內立刻靜默下來，似乎連溫度都降到了冰點。雖然我是對的，也如實地指了出來，法官卻沒有因此而高興或欣慰，反而臉色鐵青，令人生畏。」

「為什麼呢？答案顯而易見，儘管事實站在我這邊，我卻因為不會說話而鑄成一個大錯，居然當眾指出一位聲望卓著、學識豐富的人的錯誤。」

是的，這位律師確實犯了一個「比別人正確」的錯誤。

在指出別人錯誤的時候，我們必須把話說得更高明一些。無論對任何人、任何事，開口說話之前，千萬記得提醒自己：要比別人聰明，但不要告訴人家你比他更聰明。

高明的道歉技巧必不可少

> 犯錯之後，若決定道歉，就該馬上去做，因為時間的長短與道歉的效果成反比，越早設法彌補，成效越好。

道歉，是一門值得鑽研的說話藝術。

衷心道歉不但可以彌補破裂的關係，還可以增進感情。當他人對自己表示出誠摯的歉意，誰能不感動？

原諒別人的錯誤能清除心中的怨恨情感，寬恕不僅僅是美德，更對健康、對情緒都大有好處。

真正的道歉不只是認錯，也等於承認自己的言行破壞了彼此的關係，而這關係的重要性非同小可，所以希望能重歸於好。

美國總統羅斯福相當善於處理和新聞記者的應對進退，一回，《紐約時報》派記者貝賴爾駐白宮，按照慣例，白宮新聞秘書引他來謁見總統，「總統先生，您是否認識《紐約時報》的菲力克斯·貝賴爾？」

只聽見一個渾厚有力、充滿自信的嗓音傳來：「不認識，我想我還沒得到那份快樂。不過，我讀過他的東西。」

這說句話確實說得非常好，「我讀過他的東西」，對一名記者，絕對是極大的肯定。毫無疑問，透過短短一句話，羅斯福巧妙地在彼此初次見面時創造了良好的氣氛。

但在某些時候，羅斯福也會顯得不近情面，幸而他懂得補救，用言語彌補裂痕，重新建立關係。

一次，羅斯福在記者招待會上進行長篇演講，措辭激烈，貝賴爾卻在底下打起了瞌睡。只見羅斯福突然停下來，大聲吼道：「貝賴爾，我才不在乎你代

Good at communication,
Luck will not be too bad
|123|

表哪家報紙，但既然在這兒，你就得做筆記！」

不難想見，對貝賴爾來說，美國總統對自己大吼大叫，使他難受得簡直想找個地洞鑽下去，或是衝上講台把羅斯福揪下來，但他什麼也不能做，只能非常難堪地忍耐著。

衝突歸衝突，招待會結束後，羅斯福仍然如慣例般和記者一同談笑，簡短地交換意見，相互之間毫無拘束地閒聊，氣氛極為融洽。他甚至突發奇想為記者取綽號，說貝賴爾應該叫「魯漢」，因為像《紐約時報》那樣嚴肅的報紙，內部應該要有一個叫「魯漢」的人。

雙方瀕臨破裂的關係，順利地在玩笑中重獲肯定。

還有一回，羅斯福在記者招待會上斥責一名記者，但他馬上察覺到自己把話說得太重。事後，記者主動表示歉意，說自己前晚不該玩牌到凌晨四點，以致今天精神不佳。想不到羅斯福卻說，撲克牌真是有趣的好玩意，自己已經好長時間沒和朋友一起玩了，實在懷念得很，且馬上要求秘書去張羅一頓自助晚

餐兼牌局。

放眼世界各國，很少有政府官員能和媒體記者建立起良好的互動關係，羅斯福可說是其中的佼佼者。

看完以上幾則事例，相信你必定會同意，他具備了相當高明的說話技巧。

羅斯福能訓人，也能反省自己是否做得太過分，並真誠、主動地表示歉意。

這提醒了我們：該道歉的時候，為何不能坦然低頭認錯？高明的言語技巧加上誠懇友善的態度，絕對是讓你在任何環境都無往不利的關鍵。

當然，當我們道歉時，也可能會碰上對方不原諒、碰了釘子下不了台的窘況，這時候，該用什麼樣的態度應對？

首先，要應認清一點，既然是自己錯了，對方會生氣當然合情合理，苦果還是由自己吞下為好。

其次，應該藉積極的分析找出原因，也許是因為自己道歉的方式、場合等

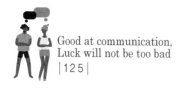

Good at communication,
Luck will not be too bad
|125|

不太恰當，導致了不理想的情況。

道歉並非恥辱，而是真摯誠懇且富教養的表現。

道歉是值得尊敬的事，不必奴顏卑膝。要告訴自己：想糾正錯誤是堂堂正正的事，何羞之有？

犯錯之後，若決定道歉，就該馬上去做，因為時間的長短與道歉的效果成反比，越早設法彌補，成效越好。

道歉認錯和遺憾經常被混淆，但實際上，兩者的概念截然不同。

如果自己沒有錯，則不必為了息事寧人輕易認錯。沒有骨氣、沒有原則的做法，不可能帶來多少好處。

敢於道歉是一種勇氣，也是有教養的表現，道歉能使友人和好、化敵為友；也能使陷入僵局的人際關係重新獲得進展；更能使家庭和睦、彼此愉快、工作順利、同事融洽相處。

它是一種高明的說話技巧，人際關係中必不可少的潤滑劑。

出色溝通，少不了真心尊重

每個人都希望自己的特點和風格能被人接受並得到重視，都渴望獲得來自他人的尊重和信任，不願被等閒視之。

與客戶溝通一定要掌握適切標準，不該說的別說，不該做的別做。

無論如何必須牢記一點：客戶不是你的朋友，也不是同事，因此在尺度的拿捏上更需要注意。一般說來，與客戶溝通時，要注意以下幾方面：

● 注意交談的內容與方式

與客戶交談，一定要注意對話內容與方式，為了便於溝通，可以在不觸犯隱私的範圍內適當地談點私人話題，或者對他來說比較重要的事情，以求拉近

雙方的距離。

如果不注意與客戶交談的內容與方式，不能把握好應有的分寸，就有可能因為溝通不當導致負面結果。例如，對方與你談及滑雪的技術和他對滑雪的喜愛，就算你本身對此一竅不通，或者根本打從心底討厭下雪和寒冷天氣，也應該表現出禮貌與熱情，專心聆聽。

● 避免使用尖刻的言語

一對夫婦在一家店裡挑選手錶，選來選去，總是拿不定主意。

東挑西選後，兩人好不容易看上一只手錶，便向店員詢問價格，沒想到店員有些不耐煩了，竟如此回答：「對你們來說，這只手錶明顯太貴了。有些人就連買一只一百元的手錶也要討價還價，但也有些顧客，即便看上的是一只一萬元的手錶，眉頭也不皺一下。你們應該明白，我願意為哪種顧客服務。」

聽完這番話，夫婦倆放下手錶，悠悠地離開了那家表店。

不妨思索一下，這位店員的言語得體嗎？相信答案絕對是否定的。過於尖

刻的言語會得罪上門的客戶，將到手的生意推出去，怎麼看都不划算。

● 表達意見時，充分讓對方理解

有一次，一家美國公司向日本某企業進行推銷。從早上八點開始，美國公司的業務代表詳盡地介紹他們的產品，利用投影機把所需的圖表、圖案、報表打在螢幕上，熱情洋溢地宣傳著。

兩小時後，介紹終於結束，美國代表用充滿期待和自負的目光看著台下的三位日本商人，問道：「你們覺得如何？」

第一位日本人笑了笑，搖了搖頭說：「我沒聽懂。」

第二位日本人也笑了笑，跟著搖了搖頭。

第三位日本人什麼也沒做，只無奈地攤開了雙手。

美國代表大受打擊，面無血色，只見他無奈地靠著牆，有氣無力地說：「這是為什麼呢？」

為什麼近兩個小時熱情洋溢的辛苦介紹，最終毫無效果？

答案其實很簡單，因為美國人只單方面地按照自己認為合理的表達方式去做介紹，並沒有站在對方的角度，顧慮到對方是否能夠接收並理解，因而導致了「鴨子聽雷」的狀況。所以，在與客戶溝通的時候，一定要確認自己的表達能夠得到對方的充分理解，以確保溝通的效用。

● 尊重對方

每個人都渴望受到尊重，在商場上更是如此。

因為沒能付出應有尊重，導致破壞了溝通的氣氛，相當不值。

為了確保合作愉快，一定要把你的客戶當作重要人物來對待，讓他們體會到，你確實付出了特別的尊重，更看重彼此的合作。讓他清楚，你時時把他擺在重要位置。如此一來，自尊心得到了滿足，自然樂於再次合作。

不僅只有商場，現實生活中的狀況也是同樣，每個人都希望自己的特點和風格能被人接受並得到重視，都渴望獲得來自他人的尊重和信任，不願被等閒視之。用尊重態度待人，絕大多數溝通難題都能迎刃而解。

掌握技巧，讓談判收到實效

表示出真誠理解的態度，輔以眼神交流、做筆記、將心比心等小技巧，可望有效加強自身的說服力，使談判順利成功。

要讓語言這項武器發揮最高戰力，就要懂得站在對方的角度，說對方最聽得進去的話語，間接傳達自己想要傳達的意思。

說服對方，使原先持相反意見者改變初衷，接受你所提出的建議，正是溝通和談判的主要目的。要達成這目標並不簡單，需要很高的口才技巧輔助。

歸納起來，強化說服的小技巧主要有五項：

● 用互惠互利說服對手

強調互相合作、互惠互利的可能性和現實性，激發對方在自身利益認同的基礎上，進一步接納你的意見和建議。

在買賣雙方各持利益的前提下，彼此意見相左、互相猜疑，影響談判進行與達成協議的可能是常見的事，因此要想成功，首要在於有效說服。

當對方懷疑自身利益受到不公正待遇或遭遇損害時，千萬不要馬上駁斥甚至攻擊，因為維護利益是正當行為。產生爭執的時候，最重要的是用共同利益加以說服，使對方明白一方獲取利益並不代表另一方就要受到損害，而是雙方互惠互利，取得雙贏。

找出並強調共同利益，正是說服工作的根據所在。

● **保持謙虛有理的態度**

溝通過程中難免會有令人不滿意的情況產生，雙方都會面臨一些必須克服的反對意見，因此需要拿出能說服對方的正當理由。若對方的意見正好點出自身產品或服務的缺點，應當認真地傾聽、改進。

最好明確表示你了解他們所說的內容，並願意切實改進，虛心聽取意見的態度具有一種無聲的說服力，能使對方最終同意你的觀點，並心甘情願地在合約上簽下名字。若是與利益協調相關的問題，你應當在虛心聽取意見之後，搜集更多的資料，讓對方充分地了解實情。

切記，用資料說服對手，比單純憑藉語言更能打動人心。

● **複述對方的談話觀點、內容**

一旦對方開始講話，就要透過複述或筆記表現出你的專注聆聽。

複述指準確簡潔地重新表述對方的意見，這樣做的目的，在檢驗自己是否正確理解聽到的話，並鼓勵對方進一步詳細解釋他的意見。在提問——回答式的討論過程中，複述還能確保每個人都能聽到正在討論的內容。

要想複述得準確，首先必須拿出耐心，把話聽完整。過程中注意主要思想、表述方式和主題，並且進行組織，而不要馬上評判它們的對錯。

下一步，重複幾個關鍵字或總結主要思想，例如「也就是說，您提出三條

Good at communication,
Luck will not be too bad
|133|

建議……」，而後列出主要思想諸如「您主要擔心的問題似乎是……」

● 聽出字裡行間的意思

除了聆聽對話的內容之外，還要注意表達的方式，力求抓出「隱藏在字裡行間的真正意思」。

注意講話者的音調、音量、面部表情以及肢體動作。最好能同時帶入感情，想像自己若處於同樣處境會有什麼感覺。將心比心，更有助於理解。

● 適當地做點記錄

某些情況下，你可能需要在聆聽同時做筆記。做筆記能夠說明你對正在討論的話題感興趣，並準備追隨講話者的思路。做筆記的時候不需要太詳盡複雜，能抓到重點即可，才不至於因此失去與交談對象的目光交流聯繫。

表示出真誠理解的態度，輔以眼神交流、做筆記、將心比心等小技巧，可望有效加強自身的說服力，使言語更具魅力，使談判順利成功。

看出對方的興趣在哪裡

在與人建立良好關係的過程中,達到興趣上的一致是很重要的。當雙方都喜歡同樣的事情,彼此的感情自然更融洽。

人人都有一個共通點,那就是必定會對某個領域、某樣事物抱持特別濃厚的興趣。而興趣還可再分為兩種,一是對有連帶關係事物的興趣,一種是對無連帶關係事物的興趣。

所謂「有連帶關係」的事物,是指與你和別人共同發生興趣的事物。利用這類興趣作引子,通常可以順利地在彼此之間建立良好互動關係。

那麼,再換個角度看,你必定會同意,絕大多數人對自身本職工作以外的事物更具興趣。

Good at communication,
Luck will not be too bad
|135|

通常，一個人之所以從事某樣工作，不是出於自願，而是爲了謀生。但在業餘時間他所關心的事情，則完全是自己所選擇。換句話說，他最感興趣的事情是辦公室之外的，因此，透過從業務以外的事物製造機會與某人接近，可望建立起更融洽、穩固的聯繫。

一般人都希望與自己相處的人是有趣的，具有許多不同的興趣，有些自己會同樣感到特別喜歡，有些則比較淡泊。因此，你應儘量找出他們最感興趣的事，然後再從這方面去接近。

但在與別人的特殊興趣建立連帶關係的過程中，自己的眞實興趣也冤不了會表現出來。畢竟，想要把話說好，進而再將人際關係經營好，單單憑一句「我也很感興趣」是絕對不夠的。

在對方的詢問下，與其表現得吞吞吐吐、躲躲閃閃，倒不如想辦法用自己的興趣去引起別人的興趣。

在與人交談、交往的過程中，該如何使他人了解自己對某件事情同樣具有

濃厚興趣呢？

無庸置疑，對於題目本身，你必須具備相當的知識，以證明自己的確下過一番功夫、做過相當研究，絕非信口胡謅。越是面對值得接近的人，越應該努力對他所感興趣的事情做進一步了解。切記，除非你能夠好好地應付，得到信賴，否則對方不可能提供你想知道的任何事情。

為什麼幼稚園老師有辦法去哄那些哭鬧的小朋友，讓他們破涕為笑呢？受過專業教育訓練的她們當然有訣竅，其中一項，在於能站在孩童的立場，設身處地、將心比心地迎合孩子們的興趣和思想。

這種做法純粹出於熱忱，而熱忱絕對是使應酬成功、讓話說得更好的因素。

當你的內心充滿熱忱，提出的將不是令人難堪的問題，而是別人樂於回答，或者是他所熟悉的問題。

例如，你知道某人去過美國，因此向他問及美國的事情，他一定會非常高興、滔滔不絕地講述起相關的訊息，即使你最開始的目的不過想問問入境手續，

Good at communication,
Luck will not be too bad
|137|

他也可能一股腦地連紐約帝國大廈的電梯快到什麼程度都告訴你。

如何實現與他人興趣一致的目的呢？專家提出以下三步驟：

1. 找出別人感興趣的事物。

2. 對他感興趣的題目，設法先建立起相關知識。

3. 明白地對他表示出你確實感到興趣。

在與人建立良好關係的過程中，達到興趣上的一致是很重要的。當雙方都喜歡同樣的事情，彼此的感情自然更融洽。

多一點激勵，就多一點效益

多一分激勵，就多一分效益，別吝嗇你的那份言語陽光，應該讓它普照周圍的每一個人，讓它照進他們的心坎裡！

很多人都有這樣的困擾，當朋友遇到不順心的事，感到心灰意冷的時候，說什麼樣的話，才能達到最佳效果？

在生活中，少一分指責，多一點嘉許，不僅令事情做起來得心應手，也能給予對方愉悅的心情，何樂而不為呢？

許多年以前，有一個十歲的小男孩在工廠裡工作。他一直喜歡唱歌，夢想當一個歌星，但他的第一位老師非但沒有給他鼓勵，反而使他洩氣。他說：「你不

Good at communication,
Luck will not be too bad
|139|

適合唱歌，根本五音不全，唱出來的聲音就像風在吹百葉窗一樣。」

但是，男孩的母親，一位窮苦的農婦卻對這樣的批評不以為然，她摟著自己的孩子，激勵他說：「孩子，你能唱歌，你一定能把歌唱好。瞧！你現在已經有了很大的進步。」

這位母親的鼓舞，給了孩子無窮的力量，徹底改變了他的一生。他的名字叫恩瑞哥‧卡羅素，那個時代最偉大、最知名的歌劇家。

假若在這個小男孩的童年，沒有母親的激勵與稱許，只有那位老師的無情打擊，毫無疑問，這個世界會少一位著名的歌劇家。

減少批評，多多激勵，人的良好行為會增加，那些比較不好的行為則會因為受忽視而逐漸萎縮。

我們不應當老是從自己的角度看事情，也不該懷著私心，只是因為對事物不感興趣，就對他人的行為採取貶低或批評。

沒有愛迪生的母親對兒子孵小雞行為的肯定與讚許，也許人類要晚好幾十

年才有電燈；英國作家韋斯特若沒有得到老校長的激勵，可能就沒有日後的無

數本暢銷書，英國文學史將缺失不可彌補的一頁。

那一句微不足道的激勵，給了那些需要動力的人無窮的力量，給了那些身

處逆境的人奮鬥的信心！誰又能小看它呢？

在《孩子，我並不完美，這只是真實的我》這本書裡，著名心理學家傑絲

‧雷耳評論道：「激勵對溫暖人類的靈魂而言，就像陽光，沒有它，我們無法

成長開花。但是大多數的人，只是敏於躲避別人的冷言冷語，卻吝於把激勵的

溫暖陽光給予別人。」

多一分激勵，就多一分效益，別吝嗇你的那份言語陽光，應該讓它普照周

圍的每一個人，讓它照進他們的心坎裡！

說話繞個彎，
更討人喜歡

話中有話，是高明的待人處世方式之一，學會將說

出的話繞個彎，才不至於衝撞別人，更能討得他人

的喜歡。

懂得批評，才能發人深省

批評要講究方法，如果只是無意義的謾罵與指責，問題永遠無法解決，反而還會影響自己的人際關係。

每個人都會犯錯，這是難免的。到底要用什麼樣的批評方式，比較能夠讓犯錯者虛心接受呢？

以下，介紹幾種容易被接受的「藝術性批評」：

● **請教式**

有一個人在一處貼有「禁止捕撈」公告的水庫內網魚，見遠處走來一名員警，心想這下可糟了。不料員警走近之後，並沒有大聲訓斥他，反而和氣地說：

「先生，您在這裡洗網子，下游的河水豈不被汙染了？」

捕魚者大感汗顏，連忙誠懇地道歉離去。

當犯錯者發覺自己的工作出現錯誤時，多會深感自責。這個時候，其實沒有必要再加以厲聲訓斥，用溫和的方式進行「冷處理」，效果反而會更好。

● 安慰式

多從對方的角度考慮問題，真正體會他的用心。你很有可能會發現，站在對方的立場時，你恐怕也會犯下同樣的錯誤。

既然能意識到這一層，就應該注意保持平靜的心情，在給予批評的同時，也留些餘地，給予安慰。畢竟，批評態度過於蠻橫、激烈，很可能會使人生出逆反心理，收到反效果。

當然，你的安慰也應該要有個限度，切記明確你的態度，絕不可以留下鼓勵、勸勉的錯誤印象，那樣同樣無助於問題的解決。

● 暗示式

批評本來就是一件令人不痛快的事，尤其是針對那些有「過分殷勤癖」的人。例如，有些秘書對自己的上司十分體貼，但不懂得拿捏分寸。當上司正集中精力、全神貫注地處理一份重要文件時，三番兩次地打擾。

這種時候，你可以告訴這位秘書：「我覺得王秘書不錯，安安靜靜的。」

以另一位比較安靜的秘書作榜樣，透過兩相對照，下屬自會心領神會。用這種方法，不但使下屬保住了面子，也維護了自尊，同時了解自己的錯誤，可謂是「一箭雙鵰」的做法。

● 模糊式

某公司為了整頓紀律，召開員工大會。董事長在會上說：「最近我們公司的紀律總體來說不錯，但也有個別人表現較差，有的遲到早退，也有的在上班時間聊天……」

這就是典型的模糊式批評。這位董事長用了不少模糊語言，例如「最近」、

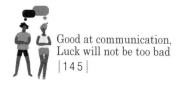

「總體」、「個別」、「有的」、「也有的」等等。這樣一來既顧全員工的面子，又指出了問題。這種說法，效果往往比直接點名批評還要好。

● 說服式

大多數的批評者，往往把重點放在提出對方「錯」的地方，卻不能清楚地指明應該怎麼做。

例如，有的人批評時喜歡說：「你非得這樣做不可嗎？」這是一句廢話，因為它沒有絲毫實際內容，只純粹表示了個人的不滿意，並造成對方的心理壓力，不利於解決問題。

在指責的同時，也應該指出如何做才是正確的，這樣才更具有說服力，能使被批評者心悅誠服地接受，積極主動改正錯誤。

指出別人的缺點時，氣氛總是很緊張，在緊張的氛圍中把握好說話的分寸，往往又比較困難。批評別人的時候，該怎樣做才能既不傷害對方，又不至於因

引起對方的反感而傷害到自己呢？

接下來，提供幾個具體有效的策略：

● 先褒後貶

首先表揚對方，以此營造批評的氛圍，能讓對方在愉悅的讚揚同中，愉悅地接受批評。人們都有這樣的心理慣性，先聽到別人對自己的某些長處的表揚，再聽到他的批評，心理上會比較不會生出排斥。

● 先貶後褒

先在個別問題上給對方嚴厲的批評，然後在主流問題上給予充分讚揚。這種方法同樣能使被批評者感動，收到與先褒後貶一樣好的效果。

● 幽默調侃

「法蘭西思想之父」伏爾泰手下，曾經有一個非常懶惰的僕人。

Good at communication,
Luck will not be too bad
|147|

一天，伏爾泰要這僕人把鞋子拿過來，對方照做了，但鞋上面佈滿了汙泥。

伏爾泰於是問道：「你怎麼不把它擦乾淨呢？」

「用不著擦吧？先生。路上都是汙泥，兩個小時以後，您的鞋子又會和現在一樣髒。」

伏爾泰沒有講話，穿上鞋，微笑著走出門去。僕人趕忙追上去說：「先生慢走！鑰匙呢？餐廳的鑰匙，我還要吃午飯呢！」

「喔，用不著吃吧？反正兩個小時以後，你又會和現在一樣餓了。」

伏爾泰巧妙地運用幽默的話語，批評了僕人的懶惰。

在批評別人的時候，使用富有哲理的故事、雙關語、生動的比喻等幽默話語，可以舒緩對方被批評時的緊張情緒，啓發思考，甚至增進相互間的感情交流。這樣的批評方法，不但能達到教育的積極目的，同時還可以創造出輕鬆愉快的良性氣氛。

● 自我批評

一個孩子不愛唸書，老是翹課，恨鐵不成鋼的母親拿起棍子就要打，旁邊的父親見狀，一邊阻止妻子，一邊對孩子說：「小時候，我和你一樣頑皮，就知道玩，不懂得讀書的重要。後來才體會到，不好好唸書，長大以後要付出更多的努力。現在不懂得把握機會，以後再後悔就晚了，你懂嗎？」

作為長輩，這位父親勇於把自己曾經的過錯暴露在孩子面前，但他的目的又不在於做自我檢討，而在於以自己的感悟來教育孩子。借己說人，讓我們看到了融自我批評於批評中的魅力和力量。

批評要講究方法，如果只是無意義的謾罵與指責，問題永遠無法解決，反而還會影響自己的人際關係。

說話繞個彎，更討人喜歡

話中有話，是高明的待人處世方式之一，學會將說出的話繞個彎，才不至於衝撞別人，更能討得他人的喜歡。

待人處世時應該坦誠，不說假話，但在人際交往中，有些話卻不可以直接說出口，否則很容易傷人傷己。

東方社會與西方社會不同，人的行為模式比較特殊，最明顯的一點，就是「意在言外」了。嘴上說喜歡與人直來直往，內心卻往往不真正喜歡。

提出某種要求，聽見對方回答「不」，未必真的代表拒絕，很可能只是礙於面子，需要藉拒絕表示客氣、客套、禮貌。此時只要不死心地再提一次，對方可能就同意了。同樣的，人家說「好」，也不一定就表示真心同意，或許只

是不願當面給你難堪。

要想獲得成功，學會說話辦事，就必須懂得察言觀色，善加分辨，認清並巧妙地運用「真心」與「客套」。

說話時，最好聰明地拐個彎，千萬不要信口直說。每個人都有自尊，需要面子，直來直往容易傷別人的自尊，使人心中不愉快，導致造成雙方關係破裂，甚至反目成仇。

朱元璋稱帝後，要冊封百官，但看完名冊，心裡犯起了愁。功臣有數，但親朋不少。要封，無功受祿，恐怕群臣不服；不封的話，面子上過不去。

軍師劉伯溫看出了皇帝的難處，但不敢直諫，一來怕得罪皇親國戚，惹來麻煩；二來怕朱元璋無法接受，落下罪名。不過，這畢竟是國家大事，不能視而不見，於是他想出了一個辦法。

他畫了一幅人頭像，人頭上長著好幾束亂髮，每束髮上都頂著一頂烏紗帽，獻給了朱元璋。

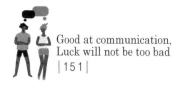

Good at communication,
Luck will not be too bad
|151|

朱元璋接過畫，細品其味，忽然哈哈大笑道：「軍師畫中有話，乃苦口良藥。真可謂人不可無師，無師則愚；國不可無賢，無賢則衰！」

原來，劉伯溫畫中的意思，是「官（冠）多法（髮）亂」。此舉，不但不傷朱元璋的面子，沒有觸犯龍顏，還道出了諫言：官多法必亂，法亂國必傾，國傾君必亡。

話中有話，柔中有剛，是高明的待人處世方式之一，使聽話的人懂得弦外之音，達到預期目的。學會將說出的話繞個彎，如此才不至於衝撞別人，更能討得他人的喜歡。

某甲是一家公司的中級職員，卻一直升不了職。和他同年齡、同時進公司的同事，不是外調獨當一面，就是成了他的頂頭上司。另外，雖然大家都稱讚他人很好，他的朋友卻不多，不但下了班沒有「應酬」，在公司裡也常獨來獨往，不大受歡迎。

歸根究柢，某甲的能力並不差，也有相當好的觀察、分析能力，問題在於

他說話太直接，總是不加修飾，因而直接或間接地破壞自己的人際關係。

其實，「直話直說」是一種很可愛、很值得珍惜的特質，也唯有這種人，讓是非、真偽，以及人的優缺點得以分明。只是也不可否認，在現實社會裡，「直話直說」有可能是人的致命傷。

「直話直說」是一把傷人又傷己的雙面利刃，有這種性格的人應當深思，並且建立新觀念，在待人處世方面，儘量減少直言指陳他人處事的不當，或糾正他人性格上的弱點。

「直話直說」往往無法產生太大的效用，因為每個人都有一個內心堡壘，「自我」縮藏在裡面，「直話直說」正好把他的堡壘攻破，硬要把他從堡壘裡揪出來，他當然不會高興。說話，最聰明的是迂迴進攻，點到為止。

婉言激勵更能展現積極意義

儘量使用溫和的態度面對你的批評對象，盡可能剔除情緒成份，學會藉由表情、態度、聲調增加批評語的積極效果，進而達到激勵目的。

批評他人時要講究技巧，不能一味譏諷、挖苦，傷害到人家的自尊心和面子，否則只會導致負面效應，無法發揮催人奮進、勸人改過的積極作用。

戰國時期，魏國吞併了中山，魏文侯便把這塊新侵佔的土地，分封給自己的兒子。事過不久，他問群臣：「我是一位怎樣的君主？」

群臣齊聲答道：「仁君。」

不料，大臣任座卻大聲地說：「您得了中山，不封給自己的弟弟，卻封給了

自己的兒子，怎麼能說是仁君呢？」

按照當時的禮儀，這樣的地方都應封賞給君主的兄弟，魏文侯這樣做，顯然不合禮儀制度。魏文侯聽了大怒，任座得罪了君主，只得急忙逃離魏國。

後來，魏文侯又問大臣翟磺同樣的問題，翟磺回答說：「您是仁君。」

魏文侯追問：「你為什麼這樣認為？」

翟磺說：「我聽說，君主寬厚，大臣就耿直。任座說話那麼坦率，這足以說明您是一位仁君！」

魏文侯聽了，又喜又羞，趕緊叫翟磺把任座請回來，並親自下堂迎接，待為上賓，將中山改封他人。

大臣任座批評魏文侯時，不注意方式，快人快語，說了刺激君主的話。兩相比較，翟磺顯然很懂得批評的藝術，寓貶於褒，表面上聽來是稱讚文侯，實際上隱含著批評，既間接地提點了不妥行為，又沒有傷到魏文侯的尊嚴，還使他猛然醒悟。

Good at communication,
Luck will not be too bad
|155|

對方有了缺點或犯了錯誤，最忌一味地橫加批評、講刺話，這種方式十分不妥當，免不了傷害對方的自尊與自信。

此時，倒不如換種語氣，換句說法，比如：「從今以後，你自己要多加注意」，或者「我想，下次你一定不會再犯這樣的錯誤了」……諸如此類。對方聽了，不僅感激你對他的信任，同時還會感受到你的真誠，更重要的是，由此下定了改正錯誤的信心與決心。

儘量使用溫和的態度面對你的批評對象，盡可能剔除情緒成份，學會藉由表情、態度、聲調增加批評語的積極效果，進而達到激勵目的。

對話是傳接球，不是躲避球

人都是以自我為中心的，根據這個基礎，你可以調整談話內容。當別人的嗜好跟你不同時，討論他們感興趣的話題，絕對更有利。

與陌生人初次見面時，往往會問及「你是哪裡人」、「你在哪裡工作」、「你是哪間學校畢業的」……等問題。

這種行為的目的，就在尋找彼此交談的共同點。

比如，當你知道了對方的家鄉後，可以說：「哦！原來是那裡啊！那個地方我曾經去過。」這樣一來，對方心中馬上就可能產生親切感，你與他在心理上的距離將隨之縮短。

難道不是嗎？試想，當碰到自己的同鄉或校友，即便雙方不過初次見面，

是不是也會有種不一樣的親切感呢？

從事推銷工作的孟先生，每當與人交談不那麼順利時，都會巧妙地將話題轉向對方的家庭或孩子等方面。

有一次，他接待了一位表情冷淡、不苟言笑的客戶。談到一半，孟先生忽然話鋒一轉道：「令郎現在讀小學五年級了吧？」

聽到這句話，那位客戶立刻從嚴肅轉為和藹，笑著回答：「你知道得很清楚啊！那小傢伙可調皮了！」

氣氛因為這句話而改變，接下來，兩人的談話順利了很多。以孩子作為話題，孟先生成功地達成了「情感交流」。

當別人對你的話題產生興趣，並且願意參加你的談話，你就有了與他對話的機會。說話，如同玩接球遊戲，不應該是單向的。假使有人漏掉了這個球，必然會有一段難堪的時刻。

一些年輕學生常常提及，他們與情人約會過程中，不能保持生動的對話。

事實上這並不難，只要提出一些二使談話得以繼續進行的話題，就可以了。

人都是以自我為中心的，根據這個基礎，你可以調整談話內容。當別人的

嗜好跟你不同時，討論他們感興趣的話題，絕對更有利。

滿足自己的自尊心之前，先滿足別人的自尊心吧！

給予越多，我們就變得越理智；為別人考慮越多，別人為我們考慮也越多。

尊重他人，自然能贏得更多的尊重。

別急著拋談話的球，先找到有心接受的人再行動吧！拋球的技術越好，參

與的雙方越投入，遊戲就越有趣。

說服的關鍵，在於口才表現

適度的自我宣傳與推銷，輔以具緩和作用的幽默感，使一切在親切融洽氣氛中進行，是達成交易的最理想情境。

顧名思義，凡是「說服」行動，必定跟語言脫不了關係。事實也確實如此，我們可以說，說服的關鍵正在於口才表現。

● 怎樣發揮「攻心」效應

一家銷售名貴珠寶的銀樓，一早開門不久，便走進一對華僑夫婦。夫人看中了一隻相當華美的鑽石戒指，從女店員手中接過之後看了又看，顯然是愛不釋手。但當她看清標價後，便搖了搖頭，顯現出為難的樣子。

夫人說：「好是好，就是……」

女店員一聽，心下會意，馬上接口：「夫人，您真有眼光，這戒指確實漂亮，但相對的價格也高。上個月，市長夫人來到店裡，也同樣看上了它，非常喜歡，但因為價錢問題，終究是沒有買下。」

這時，那始終沉默的先生開口了：「小姐，真有這樣的事情嗎？連市長夫人都喜歡這個戒指？」

女店員當即點了點頭，只見先生考慮了一下便說：「小姐，請開發票，我要買下這個戒指。」於是，這枚放在店裡兩年始終未能售出、價格昂貴得驚人的鑽石戒指，終於順利成交。

這個例子之所以成功，訣竅正在於巧妙運用了語言的「攻心」效應，以堂堂市長夫人也未能買下的消息為「誘餌」，激發那名華僑先生「求名」的心理慾望，達成交易。

● 進行自我宣傳與自我推銷

人們在自我誇耀時，總多少感到左右為難，希望表現自己，讓別人賞識，同時又害怕被別人認為自誇自大，一點不懂得謙虛。

在東方社會，長久以來的道德標準認定謙讓是美德，可隨著時代變遷，社會競爭日趨激烈，「自我推銷」顯得越來越重要。

學會適度自誇是相當重要的才能，而在進行自我誇耀時，首要就是表現幽默感，務求讓別人在笑聲中接受。

自誇並不可恥，而是一種宣傳，畢竟廣告是所有商業行為的基礎。但是，如果採用過分或低俗的方式自我炫耀，就會招致反感。因此，自我宣傳和自我誇耀首先應具有適度的幽默感，並保持在適當程度。

例如，日本的「丸牛百貨公司」，有一句相當幽默的廣告語：「除了愛人，什麼東西都賣給你。」

• 說服顧客是盈利的關鍵

不管在哪一行業，說服客人的能力都是非常重要的經營之道。以下是幾則

小笑話，開懷之餘，也請你細細品味對話中的奧妙：

有位為自己身後事著想的老人，來到一家葬儀社，打算預購棺材。店主一

聽，很熱心地向他介紹各種價格不同的棺材。

聽了半天之後，老人忍不住詢問店主：「請問一下，三十萬元的和兩萬元

的，究竟有什麼不同？」

「不同可大了！最明顯來說，三十萬元的棺材設計比較符合人體工學，內部

有足夠的空間，可以讓你的手腳充分伸展。」

另一則笑話則與生髮水相關，是這樣說的：

一名客人聽了老闆大力介紹的某種強效生髮水後，疑惑地問道：「這⋯⋯真

的有效嗎？」

「當然啦！我的顧客當中，甚至有人連續用了五年啊！」

推銷的最大忌諱，就是激怒客人，因此可說幽默感是必備「武器」。適度

可信的自我宣傳與推銷，輔以具備緩和作用的幽默感，使一切在親切融洽的氣

氛中進行，是達成交易的最理想情境。

將說服看作最巧妙的藝術

一個微笑，一個伸腰擺手的動作，或僅僅挪動一下位置，都足以說明對方情緒與認知的轉變。

說服，即指透過說理，使對方理解並信服，是一種十分重要的語言藝術，若是無法達成，便不可能進行資訊溝通，更別說是達到銷售、推薦的目的了。

說服的基礎，在於道理的清楚傳達，但這還不夠，因為對方不見得能夠認同，能夠信任，因此還需要其他技巧的幫助。

簡單來講，說服行為，實際上包括了以理服人、以情感人、以利誘人、察言觀色這四個方面。

- 以理服人

要做到以理服人，首先自己要明理，在行動前做好充分準備。

兩大必備要件之一，首要在講清道理，有條不紊地闡述事件的理論依據。

講清道理的過程，也就等同邏輯思辨過程，哪些該先講，哪些該最後再講？哪些是重點，必須反覆不停地闡明？凡此種種，都要預先做好準備。

必備要件之二，就是例證。舉出大量實例以證明要說服的道理，可以收到相當的效果與力量，所舉的例子當然是越現實越好，最好是發生在生活周遭的真人真事，如此可信度更高。

說服的語言則應簡明扼要，把道理說清楚、說透徹就可以了，千萬不要囉嗦，更不要畫蛇添足。

- 以情感人

說服時，宜採用謙和、商量的語氣，不要擺出權威的架勢。如果可以，盡可能提些問題，或鼓勵消費者提出問題，用以加強效果。

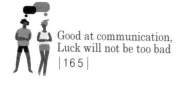

說服的語言應該是充滿情感的語言。銷售系統本身是一個群體，有關群體的心理現象，自然會在對內對外的交往中表現。推銷員若能帶著自豪與自信的感情來介紹商品，必然會感染顧客。

● 以利誘人

介紹產品的優點時，應著重於價格、品質、特色、完善的售後服務等方面，進行全方位介紹，如果有同類產品，可以用比較法說明，以求更具體突顯自家產品或服務的優異。

● 察言觀色

對方能否被說服，一則在於口才，另一方面還在於你能否抓住他的心理活動，有針對性地使用語言，以便使情理交替，收到雙倍效果。

如果拿捏得好，往往連持否定態度的人都能被說服。

說服開始的首要任務，在於透過肢體語言揣測對方的態度。

有一種人生來便喜形於色，很容易表現出自己的態度與情緒，因此好惡也非常明顯。也有一些人，不願意表現自己，傾向於將一切掩飾，但由於不夠自然，反而更將心內想法暴露無遺。真正能夠做到不露神色者，畢竟是極少數。

對於比較壓抑、內斂、冷淡的人，採用開門見山的方式說服，效果往往不佳，不如先建立感情聯繫，運用自身魅力和口才，表現內心友好與誠意態度，拉近彼此之間的距離。

說服進行時，除了必須注意說話的內容，更要留心觀察神態表情的變化，一個微笑，一個伸腰擺手的動作，或僅僅挪動一下位置，都足以說明對方情緒與認知的轉變。

當然，如果對方毫無變化，甚至態度變得更壞，就要適可而止，寧願暫時不談或轉移目標，談些別的主題。

把說服當作一種藝術，把自己看成一個正在創作的藝術家，將有助於以更敏銳的感知探求對方的心理變化，從而真正做到「見什麼人，說什麼話」。

Good at communication,
Luck will not be too bad
|167|

禮貌得體地使用語言

巧妙運用禮貌用語是社交場合中的最高智慧，它能使雙方相處得融洽，有利於友誼的發展。

一句話能使人跳，也能使人笑。語言是思想的衣裳，還能展現出一個人的氣質與教養。交際中如能使用禮貌的語言，不僅能為自己塑造出良好的形象，還能發揮「良言一句三冬暖」的效用，人與人之間的感情很快就會融洽起來。

因此，應對之時應多加使用如您好、謝謝、請、對不起、別客氣、再見、請多關照等種種禮貌性語言。

以往在招呼對方時，多習慣問：「吃飽了嗎？」但這樣的打招呼方式太單調，也有點不雅。在這方面，可以多用「早安」、「午安」、「晚安」、「最

近好嗎」、「請代我向夫人問好」等等詞語替換。但不論打招呼的內容為何，語氣務必要溫和親切，音量要適中，若說話尖聲尖氣，別人就難有好感。

在人際交往中，得體地使用禮貌語言和謙詞，可以給對方留下良好的印象。

在這裡介紹十種在一般場合中常用的禮貌用語：

一、與好久未曾見面的人見面時說：「久違」。

二、與不相識的人初次見面時說：「久仰」。

三、有了過失求人原諒時說：「請多包涵」。

四、請人幫忙時說：「勞駕」。

五、有事要找別人商量時說：「打擾」。

六、請對方不必再送行時說：「請留步」。

七、發表自己意見時說：「有不對的地方多請指教」。

八、有事要暫時離開時說：「失陪」。

九、歸還物品時說：「奉還」。

十、當別人表示謝意時說：「別客氣」。

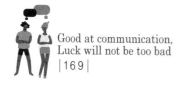

在談話中不應用命令性的詞語，這類詞語也非禮貌性詞語。「你應當這樣」、「我們應當」、「我們必須」這類話語，都易令聽者不愉快、不舒服。

此外，在公共場合中談話時，高聲辯駁、出言不遜、惡語傷人等都是大忌。

還有些人總是喜歡大談自己如何如何，令人難以接受。

義大利音樂家威爾第五十歲時，曾與一個十八歲的青年作曲家談話，但這位年輕人只喋喋不休地談論自己和自己的樂曲。

當威爾第專心聽完他的談話後說：「當我十八歲時，我認為自己是個偉大的作曲家，總是談『我』；當我二十五歲時，我就說『我和莫札特』；當我四十歲時，就改說『莫札特與我』了。」

這一席話很發人深省，它告訴我們，一個人要少談自我、要有自知之明，不要目中無人。

在人與人的交往中，稱呼是必不可少的，人們對於稱呼的恰當與否也相當

敏感，有時這點還會決定交際的成敗，稱呼不當就會產生情感上的障礙。

現代人的稱呼名目繁雜，但一個適宜得體的稱呼，就能產生微妙的作用。

對男性的稱呼，一般多用「先生」，但對女性的稱呼，就要多加注意對方的身分了。一般稱已婚的女子為「太太」；如果對方身分地位較高，應稱為「夫人」；對未婚的女子則稱呼「小姐」。

若是面對陌生、不熟識的女子，稱呼「小姐」會比貿然稱她為「太太」安全得多，無論對方是十六歲或六十歲，寧可讓她微笑告訴你她是「太太」，也不可使她憤怒地糾正你應該叫「小姐」。

稱呼除了在性別上的分別外，還要注意對方的年齡、輩分、地位。對長者可尊稱為「奶奶」、「叔叔」等；若對方是上級，可用職務稱呼他。尊稱易使雙方感情融洽，也能表現出自己禮貌與恭敬的態度。

巧妙運用禮貌用語是社交場合中的最高智慧，它能使雙方相處得融洽，有利於彼此間友誼的發展。

言語溫和勝過尖銳指責

人際相處,不可避免會有一些不愉快的事情發生,
面對這種情況,要少些批評、多些理解,讓自己的
溝通能力更上一層樓。

出色溝通，讓你更接近成功

縱觀現代社會，無論是任何領域，凡是享有盛名的成功人士，無不善於運用言語的力量，說服別人、強化自己。

貝利果說：「言語的用途，在於裝飾思想。」

這是一個群居的社會，人人來自不同的背景，有著不同的脾氣、喜好、個性，自然而然，對很多事情的看法都存在著差異。

如此情況下，如何與人建立共識？如何「裝飾」自己的思想，讓它們更順利地為他人接受，甚至肯定？

毫無疑問，這考驗著每個人的溝通能力。

什麼是溝通？簡單地說，就是為人處事的方法和技巧。

成功大師戴爾·卡耐基認為，人際關係的確立是取得成功的重要因素，並曾指出：一個人事業的成功，只有十五％是由於他的專業知能，另外的八十五％取決於自身的人際關係、處事技巧好壞。

曾任美國總統的雷根，被譽為「偉大溝通者」，絕非浪得虛名。漫長的政治生涯中，他深切地體會到溝通的重要性，因此於總統任期內，始終保持著閱讀來信的習慣，每天都會要求自己閱讀重要信件，然後再一一回覆。

前總統歐巴馬也是一位善於溝通的總統，常常利用媒體與民眾進行面對面交流，藉以爭取支持。

由此可見，溝通已經成為人際交流的一項重要手段，在人與人的交往互動中產生著至關重要的作用。少了溝通，等於迷失了通往成功殿堂的路徑，更缺少得到關愛的機會，自然也難以與他人建立起天長地久的穩固友誼，家庭生活就難以維持和諧。在競爭激烈的商業社會，「會溝通，好辦事」的道理，已逐漸為人們重視。

日常生活中，溝通兩字經常從人們口中出現，可是，真正要做到靈活巧妙運用，談何容易？

當然，良好溝通並非「不可能任務」，只要掌握住正確方法和技巧，就有機會將人際關係與事業經營好，左右逢源、無往不利。

隨著經濟的迅速發展，人們生活水準日益提高，在廣泛的交際活動中，相對平等的概念越來越清晰，要求尊重他人的地位、尊嚴、人格，因此對溝通技巧的拿捏不可不慎。

都羅里斯曾說：「悅耳有力的話語，是人不可缺少的重要部分。」

確實如此，縱觀現代社會，無論是政界、商場，或其他任何領域，凡是享有盛名的成功人士，無不善於運用言語的力量，說服別人、強化自己。

溝通，已成為人際交往必須借重的重要手段。

想要成功，你不能不與人溝通。

學會用感性戰勝理性

在人際交往或說話之時，感性比理性更重要，用動情的話打動對方的心，往往比高談闊論更能收到意外的效果。

有一位美國少年站在地鐵的月台上，不小心摔到了鐵軌上面，那時剛好有一輛電車迎面飛馳而來，雖然他在驚慌中萬幸地保全了性命，但是身體卻受了重傷，失去了一對手腕。

於是，這個少年向地下鐵路公司提出控訴，要求賠償鉅額醫療費用和失去謀生能力所衍生的損失，但是不論是地方法院的審判還是高等法院的審判，陪審團和法官都認為這不是地下鐵路公司的過失，而完全是少年自己造成的。

因此，在訴訟過程中，這個少年每天心情沉重，過著鬱鬱寡歡的日子。

終於到了最後判決的日子，經過最後一場辯論後，最高法院竟宣判少年反敗為勝，而且全體陪審員也一致贊同少年勝訴，應該獲得鉅額理賠。

這完全是少年的辯護律師的功勞，在當天的最後辯論中，他深知「當理性無法戰勝時，只有訴諸感性」的道理，充滿感情地對陪審團說了這麼一句話：

「昨天，我看到少年用餐時，直接用舌頭去舔盤子裡的食物，使我難過得不禁掉下了眼淚。」

這句話使陪審團的態度峰迴路轉，最後做出有利於少年的有利判決。

因為，人類畢竟是由感情操縱的動物，即使有千百個理由，也比不上一個令人感動的事實。

這個例子說明了，許多表面上看起來是理性的意見或判決，事實上往往是依賴人的感情和五官的感覺來做判斷的；同時也說明，當理性無法改變事實時，訴諸感情或感覺可以突破難關，更能誘導反對者變成贊成者，這是潛在心理學的突破點。

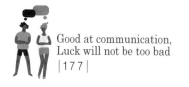

許多平常堅持以理性行事的人，感性更是他們的罩門，因為對於會隨著心情變化的情緒，他們更有著柔弱的一面。

這種人物的典型例子，在日本作家菊池寬的名著《考杉法官的立場》中，有淋漓盡致的描寫。

這本書主要描寫考杉法官是一個非常有名的人道主義者，平時他在審案判決時，總是同情罪犯，判刑判得很輕，而且判決過程總是反覆推敲、優柔寡斷，直到有一天夜裡，他自己家遭到強盜的襲擊，體驗到強烈的恐懼感，從此以後，他就變成了罪犯聞之色變的剋星了，因為每次審判時，他總是給予罪犯最嚴厲的處罰。

上述的兩個例子，都提醒我們在人際交往或說話之時，感性比理性更重要，要懂得掌握人性潛在的弱點。用動情的話打動對方的心，往往比高談闊論更能收到意外的效果。

過度指責，溝通更受挫

尖銳的批評和攻擊，所得的效果必定是零，因為你想指責或糾正的對象會為自己辯解，甚至反過來攻擊你。

英國作家吉普林曾說：「語言，是人類所使用的最有效的藥方。」

確實如此，無論遭遇的情況多麼糟糕，只要妥善運用語言的力量，就一定會出現驚人的「療效」。

在互動頻繁且情勢變化快速的現代社會，人際關係就像一把雙面刃，必須學會說話做事的各項技巧，確實運用於每個需要溝通的場合，讓身邊的同事、上司、下屬或是交涉的對象都成為最好的助力，而非最大的阻力。

Good at communication,
Luck will not be too bad
|179|

有的人只相信自己，不相信別人，讓人避而遠之：有的人總喜歡嚴厲地責備他人，使對方產生怨恨，不知不覺讓溝通難以進行，事情也辦得一團糟。

這兩種待人處世的方式都不理想，因為只有不夠聰明、不懂溝通的人，才動輒批評、指責和抱怨別人。

不妨檢討一下自己，是不是也有喜歡責備別人的毛病？

若身為公司主管，分配下去的某件工作沒有做好，我們很可能不是積極地去尋找原因，研究對策，而是指責下屬：「你怎麼搞的？怎麼這麼笨？」

這種時候，下屬會有什麼反應？

他可能什麼也不說，但在內心會覺得你不近人情，從而導致怨恨產生。不快情緒日積月累，必會大大阻礙彼此的正向溝通互動。

有一則笑話是這樣說的：

這天，丈夫回到家，發現屋裡亂七八糟，到處是亂扔的玩具和衣服，廚房裡堆滿碗碟，桌上都是灰塵。

他覺得很奇怪，就問妻子：「發生什麼事了？」

妻子沒好氣地回答：「平日你一回到家，就皺著眉頭對我說：『這一整天妳都幹什麼了？』所以今天我就什麼都沒做。」

好指責就如同愛發誓，實在不是一種好習慣，會在傷害別人同時傷害自己，讓彼此都不好過。

接下來，讓我們看一些實際的例證：

一八六三年七月，蓋茨堡戰役展開。

眼見敵方陷入了絕境，林肯下令要米地將軍立刻出擊。但米地將軍遲疑不決，用盡各種藉口拒絕，結果讓敵軍順利逃跑了。林肯聞訊勃然大怒，立刻寫了一封信給米地將軍，以非常強烈的措辭表達了自己的極端不滿。

但出乎他人想像的是，這封信並沒有寄出去，林肯死後，人們在一堆文件中發現了這封信。

Good at communication,
Luck will not be too bad
|181|

林肯為什麼不將信寄出？這是相當值得深思的問題。

也許林肯設身處地設想了米地將軍抗命的原因，也許他預想了米地將軍見到信後可能產生的反應，可能會憤怒地為自己辯解，也可能會在氣憤之下乾脆離開軍隊；無論哪一種，都對大局無益。木已成舟，把信寄出，除了使自己一時痛快以外，還有什麼好處呢？答案是顯而易見的。

不要指責他人，並不代表放棄必要的批評，而是要要抱著尊重他人的態度，以對方能夠接受的方式表達意見。

有一家工廠的老闆，一天巡視廠區，正巧看到幾個工人躲在庫房吸煙。庫房是全面禁煙的，但這位老闆沒有馬上怒氣衝衝地責備工人說：「你們難道不識字，沒有看見禁止吸煙的牌子嗎？」而是稍冷靜了一下，接著掏出自己的煙盒，拿出煙給工人們說：「試試這個牌子的煙吧！如果你們能到屋子外去抽，我會非常感謝的。」

工人們一聽全都感到相當不好意思，紛紛掐滅了手中的煙。

我們喜歡責備他人，常常是為了表現自己的高明，有時也帶有推卸責任的目的。這都是不對的，想要讓對方順從自己，就要謙虛一些，嚴格要求自己一些，這只有好處，絕無壞處。

想責備別人的不是之前，請閉上嘴，對自己說：「看，壞毛病又來了！」這麼一個小動作，將可以幫助你逐漸改掉喜歡責備人的壞習慣。

尖銳的批評和攻擊，所得的效果必定是零，因為你想指責或糾正的對象會為自己辯解，甚至反過來攻擊你。

成功溝通經驗告訴我們：學會寬容和尊重，才能更和睦地與人相處，與人共享生活的點滴樂趣。

言語溫和勝過尖銳指責

人際相處，不可避免會有一些不愉快的事情發生，面對這種情況，要少些批評、多些理解，讓自己的溝通能力更上一層樓。

擅長操縱人心的人，必定懂得發揮語言的威力，讓自己無往不利。我們不難見到，無論是政界、商場、學界，或是其他領域，最受人歡迎的，永遠都是善於運用言語力量的佼佼者。

懂得語言藝術的人，知道巧妙引導別人接受自己的想法，順利達成目的。

相反的，不懂得語言藝術，就只能眼睜睜看著自己陷入人際困境，寸步難行。

每個人都有失誤的時候，因此不可過度苛求。

不得不批評他人的時候，應講究說話的技巧，不能用譏諷、挖苦的態度應

對，傷害對方的自尊心。

以平和、溫和的態度去面對你的批評對象，剔除感情成分，將表情、態度、聲調加入到客觀的批評話語中，會產生較積極的效果。

對方有了缺點或犯下錯誤，如果一味橫加批評、講刺傷別人的話，或苛刻數落，例如：「你辦得怎麼這麼糟？」「做事為什麼這樣不細心？你這樣對得起我嗎？」等等，絕對不妥當。

絕大多數情況下，當一個人做錯事，內心會展開反省，覺得抱歉、恐慌、不知所措，此時如果再加以嚴厲批評指責，他極可能會因此感到羞愧難過，甚至從此一蹶不振，無法再樹立自信。

因此，不妨換一種語氣，以取得較好的效果。

你可以這麼說：「以後做事，自己可要多加注意了。」或者：「我想，下次你一定不會再犯類似的錯誤。」

Good at communication,
Luck will not be too bad
|185|

如此一來，對方不僅會感激你對他的信任，同時會感受到你付出的真誠，更重要的是有了改正錯誤的信心。懷著正向心態，在今後的工作、生活中，必能更加小心謹慎，不再犯同樣的錯誤，並且提醒自己留心以前不曾注意到的缺點、毛病，適時修正。

美國空軍有一位著名的飛行員，經常參加飛行表演。有一次，他在聖地牙哥舉行表演後，返回洛杉磯駐地途中，飛機引擎突然熄火。雖然他憑著熟練的技術成功迫降，保住了性命，但飛機本身因此遭到嚴重損壞。檢查結果，發現是燃料添加上出了問題。

回到機場後，他立刻找上了為座機服務的機械師。

對方是個年輕人，正為因疏忽犯下的過失感到苦惱，深深自責，因為自己不僅毀了一架造價非常昂貴的戰機，更差點使機上三人送了命。

但是，出乎意料的事情發生了——飛行員沒有怒氣衝衝地批評、指責這位機械師的失誤，而是上前摟著他的肩膀說：「為了表明我堅信你不會再這樣做，希

望你以後繼續為我提供優質服務，如何？」

後來，這位機械師不但沒有再犯錯誤，而且表現得更加出色。

試想，如果當時飛行員劈頭蓋臉就給這位機械師一頓諷刺打擊，或是嚴厲的批評，不僅會大大地傷害對方的自尊心，還會使他變得更沮喪、自卑、畏首畏尾，甚至放棄本來可以做得很好的工作，也放棄了整個人生。

人際相處，不可避免會有一些不愉快的事情發生，面對這種情況，要慎用辭令，巧於交際，少些批評、多些理解，如此才能讓自己的溝通能力更上一層樓，更受人歡迎。

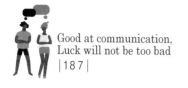
攻「心」才能收得真正效益

適時加以讚美，可在行銷、溝通過程中助你一臂之力。語言要把握得恰到好處，力求生動活潑、貼切實際。

人人都說商場如戰場，如何在品牌眾多的商場上，把你的產品成功地推銷出去，說服顧客，使他們心悅誠服地購買呢？

語言溝通絕對是最重要的。在商場上，只有夠漂亮、能夠打動顧客心靈的語言，才是金玉良言。

使顧客由「不買」變為「想買」，可參考以下幾種方法：

● 巧設疑問

若顧客看了你的商品，轉身就走，便說明了他根本沒有購買意圖。這個時候，你再繼續講述該商品有多好多優秀都無異於徒勞，因為對方根本聽不進去。

但是，你若能巧妙地換一種辦法，使顧客抱著好奇心態停下來，傾聽你的講解，就有可能改變顧客的意圖，化「不買」為「買」，抓住寶貴商機。

如何激發好奇心呢？

很簡單，就是在適當的時候把疑問留給顧客。

● 投其所好

顧客拒絕你推銷的商品時，可能會說出不買的原因。

你可以抓住這個機會與他溝通，根據回答找出不滿意的原因，以及顧客真正的需要，投其所好，對症下藥。

但是，投顧客所好也要掌握分寸，一定要一針見血，一句話就說到對方心裡去，激發他的興趣。

顧客若有自卑心理，可以透過讚美消除，給他信心；顧客若是悶悶不樂、

Good at communication,
Luck will not be too bad
|189|

憂心忡忡，可以運用語言藝術說出更漂亮、幽默的話，改變當時的談話氣氛；

顧客若不明事理、無理取鬧，不妨順水推舟，製造反差，使他意識到自身的錯

誤，從而心悅誠服地接受你的意見。

想要順利與顧客展開溝通，必須先掌握顧客的心理，清楚他們在什麼樣的

情況下需要什麼、想什麼，從而做成交易。

● 真誠相待

有些時候，顧客只是抱著隨意逛逛的心態，走進你的商店挑了半天，弄得

亂七八糟，最後一件也不買。

這時候，身為老闆的你可能會相當生氣，該如何應對才好？

當著顧客的面說出自己的不滿，結果當然不言而喻。假若換一種心境面對，

效果可能就大相徑庭了。你應當將不滿的心情隱藏起來，耐心等待顧客挑選，

並且笑臉相對。如此情況下，他極有可能會因為你的熱情誠懇而感動，心甘情

願地買走某一樣商品。

某回，一個旅遊團走進了一家糖果店，參觀一番後，正打算離開時，服務員端上一盤精美的糖果到他們面前，柔聲地說：「各位好，這是我們剛進的新品，清香可口，甜而不膩，免費請大家品嚐，請不要客氣。」

盛情難卻，遊客們恭敬不如從命，但既然免費嚐了人家的糖果，不買點什麼實在過意不去，於是每人多多少少都買了幾包，在服務員歡喜的「歡迎再來」的送別聲中離去。

是什麼轉變了遊客的態度，從「不買」變成「買」呢？

自然是服務員耐心員誠的態度。

● 合理讚美

做生意時，不免要面對「大權在握」的客戶，這時不妨給予合理讚美，讓對方感到得意，同時做出一些讓人痛快的決定，以更彰顯他的「權力」。

來看看下面這個例子：

在一次偶然的機會下，李華結識了一位女士，對李華經手出售的豪宅很感興

趣，但對價錢卻沒有表態，留下一張名片便離開了。

李華看過名片，不由一怔，原來她是一家知名公司的副總經理。那位「女士」看起來貌不驚人，卻頂著「副總經理」的頭銜，李華認為，以她的經濟實力，絕對可以買下自己已經手的這棟豪宅。

次日，李華打電話去向那位女士「行銷」，但對方只說了句：「太貴了，如果能便宜一點再說。」

事實上這是好事情，表示她對房子本身相當滿意，只是在價格上還有些問題。於是，李華要求直接與對方面談。

一走進那位女士的辦公室，李華便被眼前豪華氣派的佈置驚呆了。中間一張大辦公桌，右邊一套高級沙發，左邊還有一張大型會議桌，七、八位職員正在進行「小組討論」。

李華想也沒想，脫口而出：「您手下有這麼多人啊！」

那位女士笑著說道：「是呀！這些都是我的中階主管。」

「哇！他們都是主管，下面豈不是還有更多人？」

見對方點了點頭，李華禁不住讚佩道：「我見過很多男主管，但女主管有這麼大排場的，還是第一次看到。您的權力想必很大吧！如果不是自身夠能幹、有才華，絕對不可能辦到的。」

聽見如此恭維，那位女士自豪地說：「這只是一小部分。」

李華故作吃驚狀，高聲說：「太驚人了，那您做事一定很痛快、乾脆，很有大將風範。」

聽完李華的讚美，那位女士心花怒放，非但笑得合不攏嘴，還連連點頭說：

「這棟房子我要了，不用等我丈夫來看，我決定就可以。就這樣說定吧！我們明天就簽約。」

就這樣，李華做成了一筆大生意。

適時加以讚美，可在行銷、溝通過程中助你一臂之力。但切記一點：讚美是一門藝術，語言要把握得恰到好處，力求生動活潑、貼切實際。若是漫無邊際、不假思索，讓聽者明顯感覺你在拍馬屁，只會收到反效果。

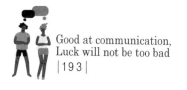

說話的魅力決定交際是否順利

展現良好風度、良好態度，就是展現說話魅力與建立自我形象的保證。要努力做到這些，才能成為一個成功的說話者。

一個人是否具有說話的魅力，會直接影響到他是否對對方具有吸引力，也關係到他是否具有良好的人際關係，同時，還影響到他能否在與別人說話時表現出自信。所以，訓練自己的社交能力時，一定要增強自己說話的魅力。

構成說話魅力的因素是十分廣泛的。每個人說話的內容、說話時的遣詞用句、構篇佈局的材料、手段，說話的語氣、語調，說話的姿態、手勢、表情……等等，都可以決定他是否具有說話的魅力。以下，我們先談談說話的風度。

德國戲劇家萊辛說：「風度是美的特殊再現形式。」

所謂風度，是指美好的舉止、姿態及表情等，說話的風度，則是指透過言語表現出一個人的內在氣質，是一個人涵養的外化。

使自己具有說話的風度，是增強自己說話魅力的重要途徑，因為良好的說話風度往往具有強大的吸引力。無論是男士談話中剛毅穩健的氣質，還是女子談話中風姿綽約的魅力；不論是外交官彬彬有禮的談吐，還是政治家穩重雄健的言論，都會令人仰慕不已、無比傾心。

風度正是外在語言和內在氣質間的配合。首先，風度是品格和教養的體現，如果沒有一定的文化修養、沒有優雅的個性情趣，說話內容必然是低俗不雅。

其次，風度是性格特徵的表現，例如性格溫柔寬容、沉靜多思的人，往往是輕聲細語，而粗獷豪邁、性情耿直的人，通常說話是開門見山、直來直往。

此外，風度也是一個人涵養的表現，主要表現在處理人際關係時，展現不卑不亢、雍容大度的風範。

最後，風度是一個人說話時的選詞造句、語氣腔調、手勢表情⋯⋯等等的

綜合表現，如法官在法庭說話時，多是正襟危坐、不苟言笑、咬文嚼字。

說話的風度是各式各樣、豐富多姿的，洋洋灑灑、侃侃而談是風度；隻言片語、一針見血是風度；談笑風生、神采飛揚是風度；溫文爾雅、含而不露是風度；話題飛轉、應對如流是風度；輕聲細語、彬彬有禮是風度；慷慨陳詞、英氣豪邁也是風度。所以，每個人在培養自己的說話風度時，應根據自己的性格特徵、興趣愛好、思維能力、知識涵養等加以選擇。

另外，同樣一個人，在不同場合、不同環境下，說話的風度也會有所不同，例如領導者在公司分配協調工作，與在家裡跟家人閒聊時，表現的風度必然相差甚遠。在日常的談話、判斷或演講中，我們可能會遇到這種情況，同樣的話，這個人說我們就很願意接受，但換成另一個人說時，我們不但不願接受，而且還會產生反感，為何會出現這兩種截然不同的結果呢？

這其實牽涉到一個人說話的態度，而說話態度又是說話者風度的直接展現。

我們說話的目的，當然是為了把自己的意思告訴他人，讓對方明白、瞭解、信服或同情我們。如果說了話，對方沒什麼反應，甚至不相信或產生反感，這就沒有意義了，說了還不如不說。

那麼，怎樣才能訓練出能使人信服的口才呢？

這就要求說話者既要瞭解自己又要瞭解對方，並努力從談話中培養出相互瞭解的氣氛，進而讓對方認同自己所說的話。

事實上，在談話過程中，無論說什麼都無關緊要，最重要的是態度。

如果態度良好，大家都願意談，但是，如果態度不好，那就算是再好的話題雙方也無法順利進行下去。

那麼，究竟怎樣才是良好的說話態度呢？那就是要對人有正確的瞭解和充分的同情，這兩點是良好說話態度的基礎；然而，如何把本身的瞭解與同情讓對方感受到呢？這正是良好說話態度的關鍵之處。

如果不注意，那麼即使你是很有同情心的人，若不能讓對方感覺到這一點，

Good at communication,
Luck will not be too bad
│197│

那也會被他人認為是冷漠、驕傲、自私的。這正如你很關心自己的朋友，但朋友卻渾然不知，結果反而會受到朋友的誤解和埋怨一樣，這種情況是一種很普遍的現象，而且很令人難過。

因此，要注意一下在別人的心目中，自己究竟是什麼樣子，並要了解對方究竟希望自己怎樣表現，才能感受到你對他的理解與同情。

那麼，在日常生活中，或是與一般朋友的交際場合中，交談的對象會希望我們有怎樣的具體表現呢？

首先，別人希望我們對他的態度是友好的，希望我們願意和他做朋友；別人希望我們能體諒他的困難，原諒他的過失；別人還希望我們能夠適時關心他們，能幫助他們，能思考他們的問題，並且對他們提供有用的建議，與他們成為友好的、忠實的、熱心的朋友。

其次，別人希望我們對他本人和他所做、所講的事情感興趣。每個人都有這個希望，包括我們自己也是，因此，我們最好能做對什麼都感興趣的人。

也許，你容易被有興趣的人物、有興趣的話題吸引，卻忽略不太吸引人的人物，可是，如果想當一個成功的說話者就不該如此，應該要學會顧及全體，並且特別照顧那些不被人注意的人。

談話時，要顧及在場所有的人，雙眼要隨時在每個人的臉上停留片刻，對於那些不太講話、看似不太自在的人，要特別關注、要設法找些話題與他們交談，以便解除他緊張不安的心情。

在說話時展現良好風度、良好的態度，就是展現說話魅力與建立自我形象的保證。要努力做到這些，才能成為一個成功的說話者，也才能使對方了解、信服你所說的話，讓互動更加順利。

學會利益均沾，做成大買賣

真正的成功者不僅僅靠財力取勝，更要透過高明的溝通交際手腕，運用語言的藝術，轉變對方的立場，從而獲得豐厚利潤。

成功的交際需要有效溝通作為基礎，若沒有好的溝通技巧為交際做準備，再遠大的目標也只是空談。鋼鐵大王安德魯・卡內基之所以取得成功，就是因為他不僅領略到這一點，更將此引申到為人處事上，於商場發揮得淋漓盡致。

身處瞬息萬變的商場，該如何做好交際呢？不妨參考以下三點：

● 良好的心理素質

商場交際過程中，難免會碰上一些令人感到尷尬、氣憤、興奮的事情，這

時保持良好的心理素質就顯得極為重要，因為這可以直接體現出你的涵養、氣魄、度量，拉高印象分數，促成即將進行的交易。

● 不要擺架子

不管權勢有多大、地位有多高，人與人都是平等的。擺出高高在上的樣子，無非為自己的交際溝通設下無謂障礙。

● 投之以桃，報之以李

只知道一味地獲取，也是在商場交際中的一大禁忌。切記，一定要先權衡雙方的利益關係，才能讓交際溝通發揮最好效果。

要更進一步明白這個道理，讓我們再以鋼鐵大王安德魯・卡內基的成功經驗為例。

在美國鋼鐵業界，安德魯・卡內基為什麼能有如此輝煌的成就？答案可能相當出人意料，並不是他對鋼鐵的製造過程懂得多，事實上，他手下的好幾百人，對鋼鐵都堪稱為行家。他的過人之處，在於知道如何運用交際溝通、運用

Good at communication,
Luck will not be too bad
|201|

人才，鞏固人際關係，達成目標，這才是賴以獲致成功的最主要原因。

有一回，卡內基想要把鐵軌賣給賓夕法尼亞鐵路公司，便暗中進行情報蒐集，知道該公司當時的董事長是艾格‧湯姆森後，便馬上做出決定：在匹茲堡建立一座巨大的鋼鐵廠，取名為「艾格‧湯姆森鋼鐵廠」。

試想，當賓夕法尼亞鐵路公司需要鐵軌的時候，董事長艾格‧湯姆森會向誰購買？毫無疑問，當然選擇卡內基的公司。

關於卡內基的溝通智慧，還有另一則事例。

當時，他所控制的中央交通公司和普爾曼控制的另一家公司，為取得太平洋聯合鐵路公司的生意而明爭暗鬥。為了拿下工程合約，雙方大打價格戰，幾乎已到了毫無利潤可言的地步。

一天晚上，卡內基和普爾曼同時前往太平洋聯合鐵路公司，準備和董事會開會。兩人碰面後，卡內基說：「晚安，普爾曼先生。您說，我們難道不是在出自己的洋相嗎？」

普爾曼感到相當疑惑，問道：「這句話怎麼講？」

於是，卡內基開始陳述起雙方惡性競爭的壞處，接著說出自己想要合併兩家公司的計劃，並把合作、互不競爭能夠得到的利益說得鉅細靡遺。

普爾曼聽得十分專注，沒有馬上表態，最後他問：「若是合併了，這個新公司叫什麼名字？」

卡內基立即回答：「當然叫普爾曼公司。」

普爾曼頓時對他的計劃產生了興趣，臉色一亮，說道：「這相當有意思，讓我們來進一步討論吧！」

毫無疑問，因為有出色的溝通技巧搭起橋樑，這項計劃獲得極大的成功，在工業史上留下了輝煌的一頁。由此，可以看出卡內基與人交際的高超之處，可以在關鍵時刻主動與人溝通，將劣勢轉變為優勢。

商業往來中，真正的成功者，不僅僅靠財力取勝，更要透過高明的溝通交際手腕，運用語言的藝術，轉變對方的立場，從而獲得豐厚利潤。

PART 7

說話能力
決定你的競爭力

與其說推銷語言是一門技術，倒不如說是一種藝

術，因為一句話可以讓人跳，也可讓人笑。

說話能力決定你的競爭力

與其說推銷語言是一門技術，倒不如說是一種藝術，因為一句話可以讓人跳，也可讓人笑。

美國口才專家鮑特說：「在注重自我行銷的商業社會裡，說話已經成為專門藝術，說話的能力決定一個人做成多少生意。」

的確，具有良好的口才，表達能力強又彬彬有禮的人，必然是商場上的常勝軍。如果你想成為成功的傑出人士，就必須掌握「把話說進心坎裡」的應對藝術，鍛鍊自己的說話能力。

口才是現代社會必備的競爭資本，「站在對方的角度說話」更是商業社會的成功之道，唯有具備良好的說話能力，才能在商業社會遊刃有餘。

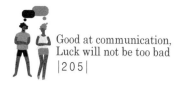

在你看來，高明的語言應用是技術，還是藝術？

一位剛進入某百貨公司服裝專櫃任職的女店員，雖然工作之時笑容可掬、和氣親切，業績卻始終不怎麼樣。

她始終不明白，為什麼經過的人多、看的人少，更糟糕的是，往往她一開口介紹，連那些挑挑揀揀的人都馬上放下衣服離開。

主管也同樣感到疑惑，特地找一天前來專櫃實地了解。

不久，一位衣著時髦的少婦走來，對著穿在模特兒身上的洋裝，躊躇再三，似乎有些心動。那位專櫃小姐一心想要趕快促成生意，便上前說：「這件衣服銷路很好喔！光是今天一早，就賣掉了好幾件。」

沒想到適得其反，那位少婦一聽，扭頭就走，心想既然大家都買，要是穿出去撞衫多麼尷尬，還是算了吧！

一段時間之後，又來了一位中年婦女，拿起一件設計新潮的背心，似乎相當中意。專櫃小姐見狀，馬上又勸說：「這件衣服很有特色，一般人恐怕還穿不了

呢！上市之後，一件都沒有賣出去，看來就是適合您這樣的人啊！」

那位中年婦女一聽，竟以為對方在挖苦自己，立刻漲紅著一張臉，氣鼓鼓地快步離開。

為什麼這位敬業的專櫃小姐做不成生意呢？說穿了，就在於說話技巧太差，完全不懂得「站在對方的角度說話」。

若是無法摸清顧客心理，不能因人而宜、恰如其分地打動人心，絕對不可能達到理想成績。言語的影響力遠比想像來得大，可以說，一件商品或一項服務的加分減分，往往都與售貨員的說話技巧脫不了關係。

身為服裝專櫃的售貨員，若是逢人就說：「這件衣服您穿上去，一定更顯年輕。」或許可以滿足部份顧客的虛榮心理，但也可能不知不覺中得罪部分實際年齡並不大的顧客。

所以，與其說語言的運用是一門技術，倒不如說是一種藝術，因為一句話可以讓人跳，也可讓人笑，端看運用是否高明。

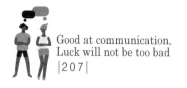
Good at communication,
Luck will not be too bad
|207|

如果不能掌握顧客的心理，不能針對他們的需求切入，無法做到「見什麼人，說什麼話」，便難保不會說出「讓人跳腳」的糊塗話。

面對不同的景況和不同的交談對象，運用最正確的說話態度和語言技巧，往往可以幫助我們快速達成目的。相反的，如果無法掌握說話藝術，非但浪費唇舌，無法達成自己想要的目的，還可能造成彼此誤解，衍生不良後果。

不要以為說話沒什麼了不起，口氣往往決定你的運氣。細心研讀並靈活應用說話藝術，會增進你的競爭力，使你成為一個精明的商人、出色的推銷員、成功的企業家，談成別人談不成的大生意。

只要時常模擬現代社會中各種常見的場景，勤加演練，就能用正確的方式增強自己的應對能力，增添自己的魅力與說服力。

用不著痕跡的方式做生意

只一味抱持促銷態度，將使得雙方對話無法成立、延續，甚至讓顧客產生反感。如此一來，想當然爾，什麼生意都做不到。

曾有一位經驗老到的推銷員這樣說：「顧客的鈔票，正是最佳推銷員的『選票』。」身為一個推銷員，能賺的錢越多，便說明你越出色。」

然而，賺錢不是一件容易的事情。從別人的口袋裡掏錢，總是會讓對方產生心痛的感覺。所以，一個真正出色的推銷員，要能夠利用心理戰術，使顧客心甘情願地掏腰包。

設身處地想想，若是你在觀光時順道前往一家商店，才踏進門，所有店員

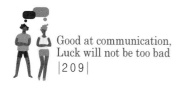

馬上一擁而上，拿出最昂貴的商品七嘴八舌推銷，必定會讓你內心產生被強迫

購買的反感。店員越是熱心，可能激起的反感就越是強烈。

這種推銷能產生好效果嗎？答案絕對是否定的，非但達不到目的，還會適

得其反，嚇得顧客從此不願再踏進店內一步，四處告訴別人自己的慘痛經驗。

身為店員，究竟該怎麼「下手」才好？

此時，店員與顧客的對話，應離開「推銷」兩字，轉而由一些比較輕鬆的、

和旅遊相關的、可以引起愉快回憶並拉近彼此距離的事情下手，例如詢問顧客

這一趟打算玩幾天、計劃在什麼地方過夜、將拜訪哪些名勝古蹟……等等。

對話可以如此開始：「您是什麼時候出發的啊？打算玩幾天呢？唉呀！既

然都大老遠來到這個地方，去了那座最有名的山沒有？還有，我們這裡最好吃

的名產也別忘了帶上一點回去，無論是當紀念或者贈送親友都……」

你會驚訝地發現，從旅行時的樂趣切入，成功的可能性比一味猛推銷要高

得多。店員能打開顧客的話匣子，而顧客的樂趣、興奮也可傳遞出來，引起彼

此共鳴。透過交談，不知不覺達成推銷目的，是非常高明的方法。

或者，也可以用「建議」方式著手，向顧客說：「住七天啊？那您的東西可得妥善分類裝好才行。這個小包正好適合呢！下車欣賞景點的時候可以裝所有隨身物品，還有足夠空間，就算買了紀念品也不用擔心放不下。」

如此，不僅皮包、皮箱和一些輕便隨身小包可望賣出，其他關聯性商品也能搭「順風車」出售。

如果你從事銷售業務，那麼就應該以正確觀念導正自己的做法──只一味抱持促銷態度，將使得雙方對話無法成立、延續，甚至讓顧客產生反感。

如此一來，想當然爾，什麼生意都做不到。

站在對方的立場說話，才是最恰當的銷售方法。畢竟，得先讓別人愛聽你說的話，才可能進一步達到自己的目的，不是嗎？

Good at communication,
Luck will not be too bad
|211|

喊出名字是關係建立的開始

讓陌生人成為朋友，以言語打動他人的兩大原則，就是記住對方的姓名，並真心付出關懷。

人類行為雖複雜，其中卻包含一個極重要的法則，遵從這個法則行事，就不會惹來棘手的大麻煩，甚至可以得到許多友誼和快樂。

這個永恆不滅的法則，就是「時時讓別人感覺自己的重要」。你若是能準確投合人性最深刻的渴求，就等同在對方的感情帳戶內，存入更多有利於生意成交的資本。

這些人際應對法則，運用到商業經銷領域，重點很明確，就是「讓顧客感到自己備受重視」。

達到這個目的的方法很多，最重要是由兩個面向著手：

● 記住名字

名字象徵的意義，不僅僅是表面上的代稱，喊出對方的名字，會讓對方感覺聆聽到世界上最悅耳的音符。

可以說，名字是構成個人身份和自尊最不可或缺的要素。人性天生的本能告訴我們，那些能夠記得自己名字的人，一定相對較重視自己。

所以，要想以言語敲開他人緊閉的心門，與很難打交道的客戶建立關係，最簡單也最有效的辦法，就是記住他們的名字。

每當和陌生人或潛在的事業夥伴進行接觸，一定要想辦法探聽出對方的名字，而且務求正確。然後，在談話過程中，你要盡可能地讓自己一有機會就提及他的姓名，以強調對他的重視。

聰明的人懂得見什麼人說什麼話，而毫無疑問，自己的「名字」是人人都愛聽的話。

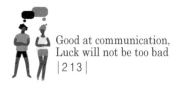
Good at communication,
Luck will not be too bad
|213|

發萊是一個沒受過中學教育的人，四十六歲那年當上了美國民主黨全國委員會主席，成功地幫助羅斯福登上美國總統的寶座。

他的成功秘訣是什麼呢？

出乎意料，答案竟在於「能夠叫出五萬人的名字」。

無論什麼時候，只要遇到不認識的人，他都會問清對方的全名、家裡人口、職業以及政治傾向，然後牢牢記住。

下一回再遇到那個人，即使已經過了很長一段時間，仍能拍拍對方的肩膀，問候他的妻子兒女，甚至後院栽種的花草。

做到這種地步，有那麼多選民願意追隨，也就不足為怪了。

李小姐是一位經驗老到的業務員，剛剛接手一個地區的業務，立刻前往拜訪一位可能的客戶。

走進某企業的辦公大樓後，她直接找到總經理辦公室，非常自信地走向秘書

小姐，伸手說：「您好，敝姓李，請問您是？」

秘書小姐自然不得不伸出手說：「我姓張，請問您有什麼事？」

一來一往之間，李小姐巧妙地得到了對方的名字，並在接下來的談話中不斷

提及，立刻讓秘書小姐有一種受到重視的感覺，之後，再請她幫忙安排時段，引

見總經理，也就容易許多，甚且順理成章了。

無論你是推銷員或業務員，或者店員，在和陌生人打交道之前，請千萬記

住──沒有什麼比記住顧客的名字更重要。

● 真誠關心

《伊索寓言》中有一句名言：「太陽的溫和炎熱，要比驕傲狂暴的北風，

更容易脫去行人的外衣。」

所有在商業社會活動的人都必須認清，顧客絕對不是敵人，更不是討厭的

傢伙，而是自己的朋友，或者更直白一點形容，就是自己的「衣食父母」。所

以，要做到的很簡單，就是把焦點從「我」轉到「您」身上，把每一個和自己

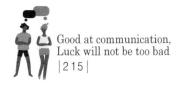
交談的陌生人都當作「朋友」那樣關懷，體會他的喜怒哀樂，解決他的問題，滿足他的需求，說他喜歡聽的話。

只要讓對方覺得你是真心對他好，當然會讓你得到應有回報——一筆成交的生意和真正發自內心的感謝。

關心別人，並讓別人明確感受，必須做到：

1. 真誠自然地對他人心存感激。

2. 來到任何一個環境，都不忘向在場的每一個人打招呼。

3. 用熱誠、有精神的態度向人致意。

4. 設身處地去了解、體會對方的困難與需求。

5. 投入時間與精力，為他人多做一些事。

比如，一位孤身在外闖天下的人，常常會在假日或節慶時感覺寂寞孤單。

那麼，多打幾次電話，或者請他出來參加聚會，將有如雪中送炭般，足以讓他銘記在心裡。

如果你聽到客戶驕傲地談起孩子在繪畫比賽中獲獎，下次見面前，不妨挑

一本好的畫冊或一盒好的顏料作爲禮物餽贈，一點小小心意，將是最好的恭維。

做到這種地步，還怕對方拒你於千里之外嗎？

關懷是一條雙向道，在付出的同時得到收穫。

你的誠摯關懷將會如同一股暖流，不斷灌入對方的心田，讓友誼的種子生

根發芽，結出令人欣喜的果實。

讓陌生人成爲朋友，以言語打動他人的兩大原則，就是記住對方的姓名，

並眞心付出關懷。

用口氣替自己創造運氣

善用語言的藝術，可以有效提升自己的推銷技術，鞏固人際交往，但也要小心別誤觸對方的「地雷」。

美國總統林肯曾說：「每一個人都喜歡被讚美。」

身為一位店員或推銷員，或者企業經營者，只要你想做成生意，那麼看到客戶所做的某一件事或所得到的成就值得讚美時，一定要馬上提出來，並且告訴他們，你非常欽佩與讚賞。

要知道，對顧客的成就、特質、財產所做的所有讚美，等同提高他的自我肯定，讓他更感到開心，並增加對你的好感和滿意度。

說一些讚美的話，用不了太多時間與太多精力，可以達到的效果卻超乎想像。不過幾秒鐘的時間，人與人之間的關係與情感就能夠大大增進，甚至是一百八十度的完全扭轉。

真心的讚美，可以由以下幾種方式著手：

1. 稱讚顧客的衣著。

「我很喜歡你的領帶，搭起來真有品味。」

「你穿這件毛衣真好看，襯得氣色非常好。」

2. 稱讚顧客的孩子。

「您的兒子真可愛，而且非常懂事呢！」

「您的女兒好漂亮，她今年幾歲啦？上幼稚園了嗎？」

3. 稱讚顧客的行為。

「對不起久等了，謝謝您的體諒，您真是有耐心。」

「自備購物袋嗎？唉呀！您真是太有環保概念了！」

Good at communication,
Luck will not be too bad
|219|

4. 稱讚顧客自己擁有的東西。

「這輛車保養的眞好啊！出廠很多年了嗎？完全看不出來呢！」

「從這頂帽子看來，您一定是洋基隊的忠實球迷吧！」

以上幾種形式的讚美，往往可以讓顧客感到高興，進而建立起自己的好形象。

另外，讚美時，要注意以下細節，避免收到反效果：

1. 必須要有實際內容。

沒有實際內容的讚美，聽來會像是嘲弄。比如只說「您好偉大喲」，卻不說原因爲何，就顯得酸溜溜，容易令聆聽者不快。

2. 從細節開始。

與其只說某件衣服很漂亮，不如明確地說出漂亮在哪裡，例如「這身衣服很好看，尤其是下襬剪裁，很有修飾身材的效果」，就是一種高明的稱讚。

3. 切合當下的環境。

若當時天氣很熱，顧客因爲衣服穿得太多而猛冒汗，一臉狼狽，你就絕對

不能說：「哇！這件衣服多漂亮啊！」

人性共同的弱點是期望獲得別人讚美、欽佩、尊重，因此，說話的最高藝術，就是運用口氣替自己創造運氣。只要你掌握人性的共同弱點，將自己的話語裏上一層糖衣，既可以激發對方內心潛在的慾望，更可以滿足對方渴望獲得認同的心理，順利地達成自己的目的。

善用語言的藝術，可以有效提升自己的推銷技術，鞏固人際交往，但與此同時也要小心，別觸犯那些顯而易見的禁區，或誤踩對方的「地雷」。

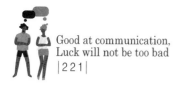

Good at communication,
Luck will not be too bad
|221|

遭到拒絕，不必太氣餒

口氣決定你的運氣，想成功達成目的，不僅要從對方的角度切入，還要有辦法配合場合，說出最適合的話，這才是真正高明的境界。

「成功的銷售，從拒絕開始。」

別懷疑，這句話一點都沒錯，世界上本就不會遭到拒絕的生意。不管產品品質多好，不管說明多麼詳盡，也不管你的推銷技巧有多麼高明，都不可能徹底打動每一個人，恰好滿足他們的需求。

即便是有意願的顧客，在決定購買之前，仍多少免不了產生懷疑、猶豫不決、困惑之類的情緒。

這就是決定銷售是否成功的關鍵，一個好的推銷員、精明的業務員，會馬

上看出讓顧客猶豫的原因，並展開進一步說明。

他們懂得站在對方的立場說話，把話說進對方的心坎裡，同時也會視狀況說出能夠滿足對方需求、解答疑惑的話。

但如此就保證成功了嗎？事實上也並不這麼單純、容易。

因此，若遭受拒絕，不論對方態度是多麼的強硬甚至無禮，你都要告訴自己，不可就此被擊倒，反而應該感到高興——無論如何，自己的銷售技巧總是又向前邁進了一步。

潛能大師傅思・崔西曾經說過：「成功銷售所遇到的拒絕，往往會比失敗的銷售所遇到的**多出兩倍**。」

那麼，該如何應對拒絕呢？

應該遵守以下兩大原則：

● 用心傾聽

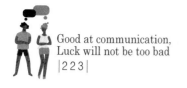

讓顧客輕鬆且盡情地表達反對意見，你才有機會找出被抗拒的原因。

● 表示尊重與讚美

對於顧客的拒絕，千萬不要馬上顯得喪氣或憤怒，而應該說：「這是很好的觀點，非常感謝您能提出來，我們會繼續檢討。」

遭到拒絕之時，千萬不要喪氣，而要據此找出自身弱點，調整銷售策略或表達方式，謀求改進。

處理顧客拒絕或反對意見的話術，可以有以下幾種：

1. 我非常能理解您的感受，最開始，我跟您有同樣的感覺。

2. 您說得非常有道理，不過……

3. 請問，您為什麼會有這樣的感覺呢？

當面對拒絕，應秉持五種正確的應對態度：

1. 不把拒絕當作否定，而看作經驗學習。

2. 不把拒絕當作損失,而看作改變方向所需要的有效回饋。

3. 不把拒絕當作痛苦,而看作是自己講了一個笑話。

4. 不把拒絕當作懲罰,而看作是練習技巧並完善自我的機會。

5. 不把拒絕當作受挫,而看作成交前不可少的一部分。

口氣決定你的運氣,想成功達成目的,不僅要從對方的角度切入,還要有辦法配合場合,說出最適合的話,這才是真正高明的境界,也是值得所有在商場奮鬥的人努力的目標。

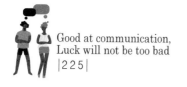
多問，釐清對方心中的疑問

無論是單純的疑問或者別有深意的反問、激問，都能協助你釐清顧客的想法，找出導致推銷困難的問題所在。

推銷，簡單來說，就是主體（主動展開推銷的人員）與對象（接受推銷客體者）進行雙向交流的過程。

而在過程中，經常可以發現有些顧客會不加思索地拒絕，根本連接觸都不願意，因此「推銷是從拒絕開始」絕對半點不假。

身為一個推銷員，遇到這種情況，該怎麼辦呢？

真正稱職且高明的推銷員，不應「退避三舍」，而應「迎難而上」，這種時候，巧妙設問的技巧，就成了掌握成敗的關鍵。

提問，可以消除雙方的強迫感，緩和商談氣氛，並藉以摸清對方的底牌，

也讓對方了解「我」的想法。除此之外，還可以確定推銷進行的程度，了解顧

客的障礙所在，尋找最適合的應對措施，反駁並澄清歧見。

提問無疑是推銷應對中最有力的手段，一定要熟練掌握、運用。

當我們聽到「不要」、「今天不買」、「再說吧」等推託詞，便應使用

「問」的技術，找出隱藏在拒絕之後的真正因素。

通常，推銷會遭到拒絕，探究顧客的想法，多不脫以下幾種原因：

1. 時機不理想。

2. 價格超出了預算，無力負擔。

3. 不喜歡推銷員的表現。

4. 素來就對這個品牌或製造商沒有好感。

5. 已經訂購了性質、功能相同或類似的產品。

6. 真正無意購買。

拒絕並非完全無法「擊破」，針對以上幾種情形，分別可以透過以下方式設問，以求了解實際情形：

1. 您是不是認為目前沒有必要買？

2. 價錢方面是否滿意？

3. 關於我的說明，有沒有不清楚、需要進一步了解的地方？

4. 您認為這種款式如何？

5. 您是否已經向其他公司訂購了呢？

6. 對這個商品，您不感到興趣嗎？

如果遇到顧客直接拒絕推銷，而且態度堅決，不妨針對提出的反對意見，採取直接詢問來突破困境，先了解真實想法，再求對症下藥。

顧客：「實在太貴了！」

推銷員：「那麼，您認為怎樣的價格較合理呢？」

一旦顧客講出自己所認定的合理價錢，就要馬上從專業的角度進行澄清，例如由產品功能、品質及售後服務切入，強調定價的合理性，說服對方接受。

此時，大可繼續運用設問法，達到「誘導」功效，例如可以說：

「的確，兩萬元不是筆小數目，可是這種產品的平均壽命都在十年以上，如此平均下來，只要一天省下少部分錢就可以了，不至於造成沉重負擔。」

「您所考慮的是價錢問題吧？不過換個角度想，一分錢一分貨，不是嗎？此外，既然是好東西，就值得早一步投資購入，早一點享受。優惠是有時限的，一旦錯過，以後想要再碰到就不容易了。相信我，這絕對划算。」

問的方式有很多，無論是單純的疑問或者別有深意的反問、激問，都是推銷時的好幫手，能協助你釐清顧客的想法，找出導致推銷困難的問題所在。如此一來，再透過言語對症下藥，效果當然更好。

Good at communication,
Luck will not be too bad
|229|

講究說話態度，才能打動客戶

說話不僅是在交流資訊，同時也是在交流感情。抱著執行公事的態度，說出來的話是沒有情感的，除非打從心底說話，否則不可能打動顧客。

服務用語是推銷工作的基本，怎樣使每一句服務用語都發揮最佳效果，就得看推銷員講話的藝術性。

服務用語不能一概而論，應該根據推銷性工作內容的服務要求和特點，靈活地掌握。

推銷中常用的基本用語很多，這裡列舉數例：

1. 迎客時說「歡迎」、「歡迎您的光臨」、「您好」。

2. 對他人表示感謝時說「謝謝」、「謝謝您」、「謝謝您的幫助」。

3. 接受顧客的吩咐時說「明白了」、「清楚了，請您放心」。

4. 不能立即接待時說「請稍候」、「麻煩您等一下」、「馬上就來」。

5. 對在等候的顧客說「讓您久等了」、「對不起，讓您們等候多時了」。

6. 打擾或給顧客帶來麻煩時說「抱歉」、「實在對不起」、「打擾您了」、「給您添麻煩了」。

7. 由於失誤表示歉意時說「很抱歉」、「實在很抱歉」。

8. 當顧客向你致謝時說「請別客氣」、「不用客氣」、「很高興為您服務」、「這是我應該做的」等。

9. 當顧客向你致歉時說「沒有什麼」、「沒關係」、「算不了什麼」。

10. 聽不清楚顧客問話時說「對不起，請您重複一遍好嗎」。

11. 送客時說「再見，一路平安」、「再見，歡迎您下次再來」。

12. 當要打斷顧客的談話時說「對不起，我可以佔用一下您的時間嗎」、「對不起，耽擱您的時間了」。

在推銷接待中，使用禮貌用語應做到自覺、主動、熱情、自然和熟練。把「請」、「您好」、「謝謝」、「對不起」等最基本禮貌用語與其他服務用語密切結合起來，加以運用，將會使進展更順利。

推銷員該如何正確使用禮貌服務用語？

歸納起來，大致有以下幾點，值得我們在運用中特別注意：

1. 注意儀態。

每一個推銷員都應注意說話時的儀態。與顧客對話時，首先要面帶微笑地傾聽，並透過關注的目光進行感情的交流，或透過點頭和簡短的提問、插話，表示你對談話的注意和興趣。

為表示對顧客的尊重，一般應站立說話。

2. 注意選擇詞語。

在表達同一種意思時，由於選擇詞語的不同，有時會有幾種說法，由於方式不同，往往會給顧客不同的感受，產生不同的效果。

例如，「請往那邊走」使顧客聽起來覺得有禮貌，如把「請」字省去了，變成「往那邊走」，在語氣上就顯得生硬，變成命令，這樣會使顧客聽起來感到刺耳，難以接受。

另外，在服務中，要注意選擇客氣的用語，如以「用飯」代替「要飯」，用「幾位」代替「幾個人」，用「貴姓」代替「您姓什麼」，用「去洗手間」代替「去大小便」，用「不新鮮，有異味」代替「發霉」、「發臭」，用「讓您破費了」代替「按規定要罰款」等等。

這樣，會使人聽起來感到文雅，免去粗俗感。

3. 注意語言簡練。

在推銷過程中，與顧客談話的時間不宜過長，因此需要用簡練的語言進行交談。交談中，推銷員如果能簡要地重複重要內容，不僅表示對話題的專注，

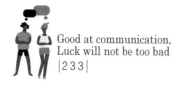
Good at communication,
Luck will not be too bad
|233|

也使對話的重點得到強調，使意思更明白，減少誤會。

4. 注意語言音調和語速。

說話不僅是在交流資訊，同時也是在交流感情。

複雜的情感往往透過不同的語調和速度表現出來，如明快、爽朗的語調會使人感到大方的氣質和親切友好的感情；聲音尖銳刺耳或說話速度過急，使人感到急躁、不耐煩的情緒；有氣無力，拖著長長的調子，則會給人矯揉造作或虛弱之感。

因此，與顧客談話時，掌握好音調和節奏是十分重要的，應該透過婉轉柔和的語調，創造和諧的氣氛和語言環境。

基本服務用語是推銷服務人員的基本功，抱著執行例行公事的態度，說出來的話是沒有情感的，除非打從心底說出口，否則不可能打動顧客。

口氣決定你的運氣

興趣是談話的潤滑劑,風趣幽默是銷售的調味料。

冗長而無趣的銷售、說明是很煩人的,如不能適時

來一點「噱頭」,客戶就會昏昏欲睡。

真誠地讚美你的客戶

讚美應是真誠的，虛假過分的恭維只是拍馬屁，這樣只能導致失敗。銷售員應學會敏銳地發現對方的優點，給他誠實而真摯的讚美。

美國心理學家威廉·詹姆士說：「人類本性最深的企圖之一是期望被讚美、欽佩、尊重。」

被讚美可以說是人的一種心理需要。其實每個人的潛意識裡都渴望被人讚揚，因為那樣才會知道別人對自己的認同。

有一個老師曾做過一個試驗，將一個班的學生分為兩部分，對一部分的學生和顏悅色，而且常常是讚賞與疼愛，對另一部分學生則是板著一副臉孔，常

常加以苛責與批評。

結果學期末，常被讚揚的那一部分學生，學習成績大幅上升，而另一部分經常被責罵的學生成績則慘多了，他們的成績大幅下降，甚至有人覺得老師面目可憎，對上課一點也提不起興趣。

有一個喜歡自助旅遊的女性到過許多國家旅遊，別人都認為她一定會很多種外語，結果她說：「其實，我每到一個地方，只學會了兩句話，那就是『你好』，『真漂亮』。」

光憑這兩句話，就使她順利解決了食衣住行方面的難題，由此可見讚美別人的妙處有多大。

但是，銷售員拜訪客戶時，也不能光說讚美的話，那會讓人對你的話裡的真實成分產生懷疑，顧客會認為你是為了讓他買你的東西才不得不恭維他，並不是發自真心。

讚美應是真誠的，虛假過分的恭維只是拍馬屁，這樣只能導致失敗。銷售

員應學會敏銳地發現對方的優點，給他誠實而真摯的讚美。

銷售員必須以找出對方的價值為首要任務，這樣，便會使銷售在友好、和諧的氣氛中完成交易。

當你讚美一個人的優點，有可能那是他自己都沒有發現的，對方會因此對自己有了新的認識，可能會由此而創造出一個嶄新的「自己」。你可能也沒有想到自己在他的轉變中，扮演了鼓勵他、幫助他發現自我的角色，只感覺到對方對你的好感越來越強烈。

發自肺腑的讚美，能產生意想不到的奇效。濫用的讚美、毫無誠意的虛偽之詞，則恰似拍馬屁拍在馬腿上，只會讓對方感到嫌惡。

Good at communication,
Luck will not be too bad
|239|

口氣決定你的運氣

興趣是談話的潤滑劑，風趣幽默是銷售的調味料。冗長而無趣的銷售、說明是很煩人的，如不能適時來一點「噱頭」，客戶就會昏昏欲睡。

通常，當你知道你的客戶的興趣、愛好後，充滿熱忱地與他談論這些的話題，你會發現得到的是完全不同的反應。因為，那是客戶的興趣所在，可能是他的生命之焰。

但是，你在與客戶談論他們的興趣時，最好不要中途突然提及你的產品。興之所在，客戶會覺得與你相當投緣，這樣的話，以後做生意就不成問題了。

打動人心的最佳方式是，跟他談論他覺得最彌足珍貴的事物，當你這樣做

時，不但會受到歡迎，也會使生命、事業得到擴展。

此外，要記住話多不如話好，話好不如話巧，多說「妙語」、「笑話」，必定能幫助你在銷售領域事業亨通。

如果說興趣，是談話的潤滑劑，那麼，風趣幽默就是銷售的調味料。冗長而無趣的銷售、說明是很煩人的，銷售員如不能適時來一點「噱頭」，客戶就會昏昏欲睡，當然，更多的可能是一走了之。

有位頂尖的行銷心理學專家，在總結銷售工作的說話技巧之時，把幽默感分爲三個層次：

第一是談吐風趣，而且能被自己所說的笑話逗樂；

第二是有領會各種事物幽默之處的能力，並與別人一起歡笑；

第三是勇於笑談自己，以樂觀的態度面對挫折與失敗，這樣的人才能做到真正的風趣幽默。

如何才能使自己充滿幽默感，發揮幽默的力量呢？

Good at communication,
Luck will not be too bad
|241|

幽默不是天生而成的，是透過人的智慧創造出來的；會說妙語也不是天生就會的，是透過不斷的練習與學習而熟能生巧的。

妙語是可以創造的，只要細心觀察，就可以把周圍的人物所發生的故事，轉化成幽默的素材。

有一個十分敬業的空中小姐曾經敘述自己第一次上飛機的糗事。

她在機艙裡看到一對年輕的夫妻抱著一個小嬰兒，便走過去問有什麼需要她幫忙的地方。年輕的夫妻搖搖頭，嬰兒則乖乖地睜著眼睛看著她。沒能為旅客服務，讓她覺得有些遺憾，並且有一片好心被拒絕的難堪。

這時，她猛然發現這個嬰兒竟然是個玩具娃娃，隨即靈機一動，半開玩笑地說：「好吧，等寶寶需要餵奶時，儘管叫我。」

這對年輕夫妻一聽，忍不住笑了出來，「小嬰兒」更是咯咯地笑個不停，周圍的旅客知道後也忍俊不住，機艙裡的氣氛頓時既融洽又活躍，大家爭著抱玩具娃娃，誇獎玩具娃娃做得太逼真。

開個得體的玩笑，鬆弛神經，活躍氣氛，也能創造出適於交談的輕鬆氛圍，而且這種玩笑往往能發揮改變環境氛圍的作用。因此，具有幽默感是好多公司對銷售員素質的要求之一。

但是，開玩笑千萬不能過頭，而且內容要健康，態度要和善，而且行為不能過度，譬如，千萬不能拿顧客的生理缺陷開玩笑，也不能拿風俗習慣開玩笑。

前美國總統雷根是一個喜開玩笑、富有幽默感的人，可有時他太隨興，玩笑開得太過火，因而惹出許多不必要的麻煩。

例如，有一次，他在國會發表演講之前，為了試試麥克風，竟說了一句：

「先生們請注意，五分鐘之後，我們將對蘇聯進行轟炸。」

此話一出，全場嘩然，蘇聯還對此提出了嚴重抗議。雷根的這個玩笑不符合場合與對象，當然讓在場的人士笑不出來，而是叫人大吃一驚。

不要滿口都是生意經

不急著開口談生意，等於使自己有一個緩衝的機會，可以趁機觀察客戶的個性、興趣愛好、講話方式及講話內容等，藉以調整自己的講話方式。

日本著名的經濟評論家高島陽曾經說過一句膾炙人口的話：「一見面就談生意的人，是三流的銷售員。」

初見面之時，銷售員不妨先與顧客交流一下情感，引導顧客表達自己的看法。例如被允許進客廳或辦公室，老練的銷售員一般會裝出驚喜的樣子說：「哇，你家裝修好時髦、好美觀呀」、「你們這裡好乾淨啊」、「你們這裡好熱鬧呀，一定有什麼高興事」……等等，並且真心讚美值得讚美的地方。

不急著開口談生意，等於使自己有一個緩衝的機會，可以趁機觀察客戶的

個性、興趣愛好、講話方式及講話內容……等，藉以調整自己講話時的重點。

我們常見有些三流的銷售員，一進門不管客戶聽不聽得明白，就嘰哩呱啦講一大串話，速度又急又快，弄得顧客不知所云。這樣的銷售員，縱使講得口乾舌燥，最後還是被戶主拒之門外。

協調的講話方式，猶如中醫的「望、聞、問、切」，根據顧客講話的特點，調整自己的內容、速度、語調、音量……等。

當你急於銷售自己的東西，說話的速度就難免會加快，音量也會提高，就會顯得比較急躁。

這就像你與人爭論一個問題，不管自己的答案正不正確，倘使不能說服對方接受，就會越來越急躁，最後音量也達到了最大，語速也快了不少，不知情的人可能會過來問：「怎麼回事，是在和誰吵架？」

這些都是銷售員應該避免的，一個好的銷售員應該視顧客為自己的上帝，應充分協調好與「上帝」的講話方式，你會發現「上帝」其實並不都是挑剔的。

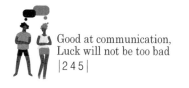

《孫子兵法》有云：「攻心為上，攻城次之。」

一個人的心理變化是相當奇妙的。在日常生活中，顧客的心理活動有大致的共同軌跡，銷售員掌握了這一軌跡，就能以不變應萬變，自然會成功地銷售出自己的東西。

一般情況下，顧客在和銷售員打交道的過程中，就如初見一個陌生人一般，會產生戒備和不安，也會產生害怕上當的心理。

這時，就需要銷售員的說服功力，顧客可能會相信銷售員，對產品有大致的瞭解，但仍不會全然相信，即使在最後決定購買時，總是會懷疑自己買的東西是否貴了。所以，在銷售東西時，千萬記住：讓顧客自己做決定。

如何讓自己的「語言」動聽？

若要語言動聽，讓聽者產生愉快的感覺，就要適度把對方當成談話的中心，使對方在心理上獲得一種被尊重或寵愛的感覺。

平時，我們與人交談、交往的時候，大都希望自己能在對方心目中留下一個良好的印象，因此，莫不講究語言方面的技巧和修辭。

語言的技巧，著重在「巧」字上。掌握了一定的語言技巧，對於日常的交際活動肯定大有助益，但是光講究技巧，本身卻欠缺美感就會充滿匠氣，反而俗不可耐。

要使對方與你交談之後心情舒暢愉快，除了注意說話技巧外，還得從兩個方面來考慮，第一是要給人優雅的視覺形象，第二是要給人悅耳的聽覺形象。

Good at communication,
Luck will not be too bad
|247|

俗話說：「佛要金裝，人要衣裝」，得體的打扮能使對方留下賞心悅目的印象。服飾的搭配要與交談的場景、氛圍相和諧，穿著打扮必須符合本人的年齡、職業和性格。另外，與人交談還應該注意交談的姿態，即使是在非正式場合，也不能忽視自己的舉止風度。

請記住，站有站相，坐有坐相，千萬不要表現出一副懶散的模樣。

再者，要懂得尊重交談對象，不要在交談時蠻不在乎地翹腳搖腿，或擺出一副好像很了不起的架式，那是一種很沒有修養的表現。

精神面貌也是視覺形象的一個重點。面色灰暗的人應當適度補妝，上了夜班，眼圈發黑的人應該睡一覺以後再與人交談。誰願意和一個無精打采、說話總是哈欠不斷的人交談？

與人談話的時候，臉上最好帶一抹微笑，因為微笑是人與人之間溝通的橋樑。但是，萬一真的笑不出來的時候，也不必費心強裝笑臉，只要以誠摯的態

度交談就行。

說話的時候，切記不要舉止輕佻、面部表情誇張、說得口沫橫飛，這些醜態都會令人反感，但是，過分的拘謹也沒有必要。

大家都曉得，若要語言動聽，讓聽者產生愉快的感覺，就要把握抑揚頓挫，注意氣氛，適度把對方當成談話的中心，使對方在心理上獲得一種被尊重或寵愛的感覺。對方明白自己在他人心目中的位置，當然心花怒放。

因此，語言要動聽，要使對方感動，應該時時把對方放在談話的主角位置。

即使對方出了差錯，批評對方之時，也仍然要把對方放在主要位置上。

如此一來，對方會覺得人格受到尊重，即使你沒有嚴厲地批評他，他自己也會深刻地反省，把以後的工作做得更好。

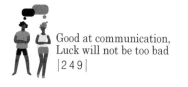
如何使自己成為「銷售王」？

想要成為一個頂尖的銷售員，應該具備讓人信賴的形象，然後活用行銷心理學察言觀色，才能隨時瞭解客戶隱藏在心中的真實意圖。

行銷心理學家羅伯特・路易斯・史蒂文森在提及銷售這個行業時說：「其實，每個人都靠出售某些東西維持生計，只是形式不同。」

銷售是最古老最原始的行銷手段，遠從以物易物的蠻荒時代開始，人類就有了銷售行為。但是，不可否認的，縱使到了電子商務蓬勃發展的今日，以人為主的銷售行為仍然是最直接、最有效的銷售方式，無法完全以其他行銷手段加以取代。

既然銷售是世界上最古老的職業之一，隨著時代的演進，銷售員就有著五花八門的「稱號」，例如外務、營業員、業務代表、業務經理、銷售顧問、銷售專員……等等。

在美國，有難以計數的人從事銷售工作，但是，只有百分之十懂得用好口氣創造好運氣的銷售員能夠締造輝煌的業績，榮登銷售的頂峰，成為眾所矚目的「銷售王」（Top Salesman），其餘百分之九十的人則在曲折而又崎嶇的銷售道路上，氣喘吁吁地望塵興嘆。

對企業來說，「銷售王」無疑是傑出的「大人物」，因為他們能以嫻熟的銷售技巧賦予商品生動的靈魂，讓顧客注意它，繼而喜愛它，並心甘情願地為它掏出錢包。

發明大王愛迪生曾說，成功是百分之一的天賦加上百分之九十九的努力；行銷的領域也是如此，想要成為首屈一指的「銷售王」，也必須靠著百分之一的天賦加上百分之九十九的勤奮。

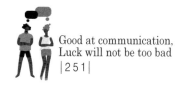
Good at communication,
Luck will not be too bad
|251|

很少人天生就是銷售大王，也很少人天生就具有銷售的才華。只要你不懈地努力，鑽研說話和銷售的秘訣，終有一天也會跨越那百分之十的門檻，登上「銷售王」的寶座。

想要成為一個頂尖的銷售員，首先應該具備讓人信賴的形象，然後在與客戶進行良性互動的過程中，活用行銷心理學察言觀色，才能隨時瞭解客戶隱藏在心中的真實意圖。

當然，風趣幽默的說話技巧與和顏悅色的銷售態度，也是成為「銷售王」不可缺少的關鍵要素，因為，你談話的「口氣」，將會決定你的運氣。

自信與熱情必須恰到好處

過分的熱情，甚至搖尾乞憐討好顧客，反而會讓人覺得你沒有格調，也不會信任你所銷售的產品。沒有自尊的熱情、友善，充其量只能算作諂媚。

我們必須清楚，自信並不是自負。

一個頂尖的銷售員絕不是那種自吹自擂的人。因為「老王賣瓜，自賣自誇」的銷售方式，只會讓人嗤之以鼻，消費者最討厭的就是那種誇大其詞、給人油嘴滑舌感覺的銷售員。

頂尖的銷售員能夠在言詞方面自我克制，專注於銷售，忍讓顧客，絕不和顧客發生爭辯。

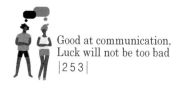

Good at communication,
Luck will not be too bad
|253|

對人友善，必有回報。小狗表示友善就搖搖牠的尾巴，人則用微笑來表達。

友善就是真誠的微笑，親切的關懷。

和田里惠是個懂得「用口氣創造運氣」的銷售高手，曾經連獲日本全國銷售競賽獎，七次獲得到海外旅遊渡假的機會。和田里惠對慕名前來打聽銷售絕招的人說：「我不認為銷售有什麼秘訣，只是我太喜歡這個工作，銷售成功了固然帶來欣喜，即使失敗了，也交了不少朋友。」

她每次前去海外旅遊，總會給她的客戶寄上一些風景明信片，她說：「一則是問候他們，二則感謝他們，並請他們分享我在海外所見的美麗風光。畢竟是因為他們的幫助，我才有機會獲獎的。」

當然，自信、熱情、友善都需要恰到好處。過分的熱情，甚至搖尾乞憐地討好顧客，反而會讓人覺得你太沒有格調，也不會信任你所銷售的產品。沒有自尊的熱情、友善，充其量只能算作諂媚。

你 也 可 以 用 幽 默 的 方 式 表 達 自 己 的 意 思

幽默的人

HUMOROUS PEOPLE
ARE THE MOST POPULAR

最讓人喜歡

理學家威廉‧詹姆斯曾說：

幽默雖然不是什麼特異功能，
卻能輕鬆化解原來尷尬或對立的場面。

實，
這個人際關係緊張對立的社會，
得在適當的時機幽默一下的人，
處都受人歡迎。

為，
默的人懂得用自嘲來化本尷尬、對立的氣氛，
懂得用機智詼諧的話語做為別人和自己的下台階。

默的人最讓人喜歡，
為誰都不願意跟不苟言笑、
事一板一眼的人聚在一起，
沒人願意跟開不起玩笑、
不動就生氣的人建立密切關係。

果你想擁有良好的人際關係，
養適度的幽默感，
疑是必修的第一門功課。

塞德娜 編著

活用說話藝術，巧妙表達自己的意思

會說話的人最受歡迎

楚映天 編著

Those who are good at talking
are most popular

人際溝通大師塞巴特勒曾經寫道：
「想讓對方接受原本不想接受的看法，最好使用對方喜歡聽的語言。」

確實，想要與別人有效溝通、交流，就必須留意自己說話的方式及口氣，用對方能夠接受的話語表達自己的意思。

面對不同的場景和不同的交談對象，運用最正確的說話態度和技巧，往往可以幫助自己快速達成目的。
相反的，如果無法掌握說話的藝術，非但浪費唇舌，也無法達成自己想要的目的。

會說話，運氣就不會太差

會說話，
運氣
就不會太差

溝通大師

37

作　　者　陶　然
社　　長　陳維都
藝術總監　黃聖文
編輯總監　王　凌
出 版 者　普天出版社
　　　　　新北市汐止區康寧街 169 巷 25 號 6 樓
　　　　　TEL ／ (02) 26921935 (代表號)
　　　　　FAX ／ (02) 26959332
　　　　　E-mail：popular.press@msa.hinet.net
　　　　　http://www.popu.com.tw/
　　　　　郵政劃撥 19091443 陳維都帳戶
總 經 銷　旭昇圖書有限公司
　　　　　新北市中和區中山路二段 352 號 2F
　　　　　TEL ／ (02) 22451480 (代表號)
　　　　　FAX ／ (02) 22451479
　　　　　E-mail：s1686688@ms31.hinet.net
法律顧問　西華律師事務所・黃憲男律師
電腦排版　巨新電腦排版有限公司
印製裝訂　久裕印刷事業有限公司
出 版 日　2018 (民 107) 年 11 月第 1 版
ISBN◎978-986-389-555-8　　條碼 9789863895558
Copyright◎2018
Printed in Taiwan, 2018 All Rights Reserved

國家圖書館出版品預行編目資料

會說話，運氣就不會太差 ／

陶然著.—第 1 版.—：新北市,普天

民 107.11 面；公分 . - (溝通大師；37)

ISBN◎978-986-389-555-8 (平裝)